G.

BIBLIOTHÈQUE
PORTATIVE
DES VOYAGES.
TOME XXXII.

VOYAGE EN CHINE
ET EN TARTARIE.

CHAPITRE XV.

Indifférence des Chinois pour ce qui concerne les nations étrangères. — Manière de voyager par terre. — Chariots à voiles. — Arrivée à Tong-Chou-Fou. — Observations faites par l'escadre anglaise dans le golfe de Pé-Ché-Lée. — Edifice occupé par l'ambassade. — Pompes chinoises. — Eclipses. — Notions sur l'arithmétique. — Monnoies chinoises.

Chow-ta-Zhin et Van-ta-Zhin, les deux mandarins, conversoient presque continuellement avec l'ambassadeur et les principales personnes de sa suite. Ils faisoient, à la vérité, bien moins de questions que de réponses.

Les Chinois sont, de tous les peuples, ceux qui montrent le plus de curiosité à l'égard des étrangers qui arrivent chez eux, parce qu'ils en voient très-rarement, si ce n'est à Canton : mais ils sont insoucians sur ce qui a rapport aux pays d'où sortent ces étrangers. On les a élevés dans l'habitude de confiner toutes leurs idées dans leur propre pays, qu'ils appellent, avec ostentation, le *Royaume du Milieu*. La plupart des Chinois ne songent point à le quitter, si ce n'est quelques pauvres habitans de la côte, ou quelques marins, dont la classe est presque séparée du reste de la société. Les marchandises étrangères dont les Chinois font usage, ne leur rappellent pas d'autre idée que celle de Canton. Ils les en tirent comme si elles y étoient fabriquées. Ils daignent rarement citer dans leurs livres, ou indiquer sur leurs cartes grossières, les pays qui sont hors de l'Asie. Ils possèdent quelques pompeuses descriptions de l'Indostan. Les écrivains chinois rapportent, au sujet de cette contrée, un conte qui se trouve aussi dans l'abbé Raynal. Ce conte dit que, dans un certain canton de l'Indostan, le gouvernement étoit si parfait, et le peuple si strictement attaché à la vertu, que lorsqu'une bourse ou un joyau de prix étoit perdu sur un grand chemin, la personne qui le trouvoit avoit soin de le placer dans un lieu bien remarquable, afin que le voyageur qui l'avoit laissé tomber, pût l'apercevoir plus aisément, quand il reviendroit le chercher. Les auteurs chinois n'ont certainement point emprunté cette histoire à l'auteur français; et celui-ci ne l'a point prise dans leurs livres. Ainsi cette coïncidence semble prouver que le conte est fondé sur quelque fait vrai.

Assurément les personnes qui sont à la tête des affaires doivent avoir connoissance des pays avec lesquels le leur est en relation; de même que les marchands ont quelques notions sur les lieux où s'étend leur commerce. Mais les autres classes de la société n'ont rien qui les intéresse hors de la Chine. La masse du peuple n'aime à entendre raconter, sur les pays étrangers, que des faits merveilleux, et qui ne sont point dans la nature.

Les deux mandarins en question répondoient avec plaisir aux informations qu'on leur demandoit touchant leur patrie. Le légat étoit plus taciturne : il entroit rarement en conversation avec l'ambassadeur, qui même, par prudence, s'abstenoit de faire devant lui beaucoup de questions sur la Chine. Il rendoit souvent visite à son excellence, quoiqu'il fît presque toute la route par terre et en grande pompe. Il étoit dans une chaise à porteurs, précédé de soldats ou de domestiques, lesquels annonçoient à haute voix son approche, afin que la foule lui laissât un libre passage.

Cette chaise, élégamment ornée de glands de soie, étoit portée par quatre hommes. (*Voyez l'atlas, planche 9.*)

Il est très-rare qu'un mandarin de distinction voyage, ou même sorte de sa maison, sans avoir une suite convenable à son rang. Il est si essentiel pour les personnes revêtues de quelque emploi, de conserver les dehors capables d'en imposer au vulgaire ; si l'on s'écartoit un instant de l'étiquette, cela passeroit pour une espèce de dégradation.

A chaque ville de quelque importance, et à chaque poste militaire sur le bord de l'eau, les troupes se rangeoient en ligne, jusqu'à ce que les yachts qui portoient l'ambassade, fussent passés. On faisoit un salut de trois *boîtes* ou pétards enfoncés perpendiculairement dans la terre. Pour donner plus d'intensité au son, les Chinois les chargent avec de la terre ou du sable. Quand le cérémonial étoit achevé, les soldats alloient déposer dans les magasins du corps-de-garde, leurs armes et leurs brillans uniformes, jusqu'à ce qu'il se présentât une nouvelle occasion de les reprendre. Dans l'intervalle, ces soldats n'ont point d'habillement distinctif : ils travaillent dans les manufactures ou à la culture des terres. Ainsi ils sont infiniment plus utiles en tems de paix ; mais ils contractent moins l'esprit et la discipline militaires. Leur paye est plus forte que le salaire des autres artisans. Leurs fonctions leur donnent, en outre, quelques priviléges. Aussi, dans ce pays, un enrôlement est regardé comme une préférence. Il n'est besoin d'employer ni la ruse, ni la force pour recruter les armées.

Le grand chemin, dans les endroits qui côtoyoient la rivière, étoit bien fait, mais étroit. On y voyoit peu de voitures : il n'y en avoit aucune qui eût plus de deux roues, ni qui fût suspendue sur des ressorts. Les hommes au-dessus du commun voyageoient à cheval, dans des chaises à porteurs ou en palanquins. Les dames alloient, pour la plupart, dans des litières bien fermées, suspendues entre des chevaux ou des mulets.

Semedo assure, dans son Histoire de la Chine, qu'autrefois les carrosses étoient en grande vogue dans cet empire, que c'est de là que la mode en vint en Italie, au 16e. siècle ; mais que les Chinois y ont renoncé depuis, parce qu'ils les regardent comme embarrassans et dispendieux.

Quelques anciens voyageurs ont parlé des chariots à voiles des Chinois. Cette méthode n'est pas entièrement perdue. Ce sont de petites charrettes, ou plutôt des brouettes de bambou avec une seule grande roue. Quand le vent est foible ou contraire, un homme attelé en avant, traîne la voiture, tandis qu'un autre la pousse par derrière. S'il fait assez de vent, on déploie une voile de nattes attachée à deux bâtons ; elle rend le travail du premier homme inutile.

Les ponts bâtis le long du Pei-Ho ne présentoient aucun vice de construction. Il n'y en a point, à la vérité, qui le traverse entièrement, mais on en voit sur les bras qui se réunissent à la rivière, et sur les canaux adjacens. Un de ces ponts avoit été ruiné par la violence d'un débordement. A quelque distance de là, étoit un palais immense, entouré d'un vaste jardin ; le tout étoit clos d'un mur, et avoit une triple porte du côté de la rivière.

Ce lieu, dit-on, appartient à l'Empereur, et est quelquefois habité par une partie de sa famille.

On n'apercevoit point, dans ces environs, de maisons de plaisance qui appartinssent à des particuliers. Tous les grands édifices avoient quelque usage public, ou bien ils étoient habités par des gens en place. Tel qui a reçu de ses pères une fortune considérable, mais qui n'occupe point d'emploi dans le gouvernement, n'en montre pas pour cela plus d'ostentation. Il jouit de ses richesses dans l'obscurité.

Les personnes de l'ambassade, depuis leur arrivée en Chine, avoient à peine vu un nuage interrompre l'azur du ciel, ou une éminence entr'eux et les bornes de l'horison. Ce ne fut que quatre jours après leur départ de Tien-Sing, qu'elles aperçurent, au nord-ouest, de hautes montagnes bleues. Ces montagnes annonçoient qu'on s'approchoit de Pékin, puisqu'elles sont situées au-delà. Deux jours après, le 6 août 1793, les yachts jetèrent l'ancre à 12 milles (4 lieues) de cette capitale, et à un demi-mille de la cité de Tong-Chou-Fou. Là, le Pei-Ho n'est plus navigable que pour de petits canots. Il y a 90 milles (30 lieues) de cet endroit à Tien-Sing.

Le *Lion* et l'*Indostan* partirent du golfe de Pé-Chée-Lée le 8 août; le 12, ils passèrent le détroit de *Mi-a-Tau.* Pendant leur séjour dans le golfe, ils estimèrent la latitude du du mouillage 30 d. 51 ′ 30 ″ au N. La montre marine donna 170 d. 15″ de longitude orientale. La latitude de l'embouchure du Pei-Ho se trouva de 39 degrés.

La lettre qui avoit été écrite par le vice-roi de Pé-Chée-Lée au gouverneur de Ten-Chou-Fou, en faveur de sir Erasme Gower, eut l'heureux effet de lui procurer tous les secours dont il avoit besoin. En partant de là, il alla examiner la baie de Ki-San-Seu, autrement appelée baie de *Zeu-a-Tau*, où il arriva le 15 août. Il la trouva spacieuse. La profondeur de l'eau étoit de 9 à 15 brasses, le mouillage excellent ; les vaisseaux y sont en sûreté dans toutes les directions : mais il faut aller chercher le bois et l'eau douce à quelque distance de la baie.

Au surplus, la campagne a une apparence stérile; les habitans sont pauvres; il étoit douteux que l'on pût trouver des rafraîchissemens pour les malades et les convalescens; en conséquence, sir Gower préféra de se rendre à Chu-San.

L'ambassade avoit jusqu'alors suivi sa route vers la capitale de la Chine, sans fatigue et sans embarras.

A l'extrémité occidentale de la vaste plaine qu'arrose le Pei-Ho, est bâti Pékin, capitale de l'empire. Il faut traverser cette ville pour se rendre de Tong-Chou-Fou au palais d'automne de l'Empereur, qui se nomme *Yuen-Min-Yuen*, c'est-à-dire, *Jardin d'une verdure perpétuelle*. On devoit déposer dans ce palais les présens qu'on n'eût pu transporter sans péril sur la route inégale et rocailleuse de Zhé-Hol.

L'embassade débarqua à Tong-Chou-Fou, et fut logée dans un temple ou monastère que l'on avoit disposé pour la recevoir. Le bagage et les présens furent placés dans deux magasins construits exprès avec des bambous très-forts, et recouverts de nattes si serrées, que la pluie ne pouvoit les pénétrer. Ils étoient vis-à-vis l'un de l'autre, entourés de fortes palissades, et gardés par des sentinelles. Des écriteaux placés à des poteaux, de distance en distance, défendoient à qui que ce fût d'en approcher avec du feu. Il ne fallut qu'un petit nombre d'heures pour élever ces magasins. En moins d'un jour, tous les effets composant la cargaison de trente bâtimens, furent débarqués et emmagasinés. Dans ce pays, les matériaux et les ouvriers sont continuellement à la disposition de l'État. L'activité qui règne parmi les ouvriers, prouve que la récompense est proportionnée au travail.

Le temple qui se trouve aujourd'hui converti en une sorte de *choultry* ou *caravansérail* pour les voyageurs de marque, fut fondé, il y a quelques siècles, par un riche dévot, qui légua en même tems de quoi nourrir douze prêtres de la religion de Fo. Cette secte, la plus répandue dans la Chine, professe la doctrine de la transmigration des âmes ; elle soumet le bonheur de la vie future à l'accomplissement de certaines conditions parmi lesquelles on n'a pas oublié la dotation des établissemens religieux. La peine infligée aux âmes des impies, est de passer dans les corps des plus viles créatures. Dans ce temple est une divinité qui représente la Providence ; c'est une figure de femme, remplie de grâce et de dignité. Elle tient dans ses mains un plateau circulaire, au milieu duquel est peint un œil.

M. Hickey, peintre de l'ambassade, a fait de ce monastère une description dont nous allons extraire ce qui suit :

Le temple est bâti sur une hauteur, à un demi-mille de la rivière, et près des faubourgs de Tong-Chou-Fou. Tout autour, est une enceinte de murailles, avec une petite porte en face de la rivière. Pendant le séjour des Anglais, un détachement de soldats chinois gardoit cette porte. Il y avoit, à côté, une tente où se tenoit une troupe de musiciens qui jouoient de leurs instrumens, toutes les fois qu'ils voyoient passer son excellence, ou les principaux personnages de la légation.

En entrant par la petite porte, on traverse d'abord plusieurs petites cours et des bâtimens fort bas; ensuite on arrive aux édifices particulièrement consacrés aux exercices pieux. Ceux-ci sont séparés des autres corps de bâtimens, par un mur dans lequel on a pratiqué une entrée circulaire, d'environ huit pieds de diamètre. Il y a en dedans de ce mur, deux temples placés en regard, et séparés par une aire spacieuse. Le devant de chacun de ces temples offre un porche soutenu par des colonnes de bois vernissées en rouge, et d'un très-petit diamètre, eu égard à leur longueur. Elles diminuent un peu depuis la base jusqu'au chapiteau, dont la dorure fait toute la décoration. La base est posée immédiatement à terre, comme dans l'ancien ordre dorique. L'intérieur de ces temples varie pour la hauteur. On aperçoit la charpente de la toiture. On y remarque plusieurs statues de divinités mâles et femelles. Les unes sont sculptées en bois, et peintes de diverses couleurs, mais d'un goût moderne et d'une exécution médiocre; les autres sont en porcelaine.

La suite nombreuse de l'ambassadeur occupa presque tous les endroits habitables du monastère. Les prêtres se retirèrent dans un couvent du voisinage, à l'exception d'un qui resta pour surveiller les lampes du temple, et prendre les ordres de son excellence. Tous les moines se rendoient dans le temple aux heures de prière.

Les appartemens qu'ils avoient cédés aux Anglais, étoient agréables et frais, malgré la chaleur de la saison. Il y avoit à l'extrémité de chaque chambre, une estrade en planches de plus d'un pied de hauteur, couverte de grosses étoffes de laine. Ce drap, avec un oreiller, servoit de lit au prêtre. En Chine, les gens du peuple ne connoissent point de coucher plus commode. Ils gardent, la nuit, une grande partie de leurs habillemens du jour.

Les logemens qu'occupoient habituellement les supérieurs, furent donnés aux personnes les plus distinguées de l'ambassade. Les autres furent mises dans des chambres où, grâce à la négligence des prêtres, fourmilloient les scorpions et les scolopendres.

Quelques-uns des Anglais qui n'avoient point voyagé dans le Midi de l'Europe, ne connoissoient ces insectes que pour en avoir lu des descriptions. La première fois qu'ils en aperçurent dans leurs chambres, ils furent saisis de terreur, et commençoient déjà à maudire un pays où l'on trouvoit de semblables ennemis. Le danger, au surplus, étoit moins grand qu'on ne le pensoit : ces animaux, bien qu'ils aient la puissance de faire beaucoup de mal, en font très-peu, même dans les pays où ils sont le plus communs. Personne d'entre les Anglais n'en éprouva d'inconvéniens.

La chaleur étoit plus incommode. Le thermomètre de Farenheit, exposé à l'ombre, montoit à 86 d. (1).

---

(1) 32 ou 33 degrés de Réaumur. (*Note du traducteur.*)

Pour s'en garantir, ils tendoient horisontalement, dans les cours, des toiles d'un toit à un autre. On agitoit ces toiles au moyen de cordes; et l'on donnoit de la circulation à l'air.

Le lendemain matin de l'arrivée des Anglais, les mandarins leur donnèrent un banquet en commun, l'heure à laquelle il avoit lieu en faisait un déjeûner; mais la quantité de viande qu'on y servit pouvoit le faire passer pour un repas très-solide : le thé, qui accompagnoit tous les services, n'étoit considéré que comme un accessoire. Il avait fallu dresser les tables dans les endroits des magasins qui se trouvoient vides, car nul autre local n'étoit assez spacieux pour cela. Il paroît qu'il est dans les règles de la politesse chinoise, quand on veut traiter quelqu'un, d'inviter tous ses gens avec lui.

L'intervalle des bords de la rivière au temple étoit couvert d'une prodigieuse multitude de spectateurs. C'étoit, en quelque sorte, une foire ; on y avoit dressé des échoppes pour vendre des vêtemens, des fruits et d'autres objets. On cuisoit les viandes en plein air ; des pompes étoient placées sur la rive en cas d'incendie : ces machines hydrauliques étoient construites sur le modèle de celles d'Europe. On assure que c'est de nous qu'ils ont tiré cette invention, et qu'ils construisent leurs pompes avec des matériaux que leur fournissent les Européens.

Ils

Ils ont commencé à en faire usage depuis l'incendie qui éclata à Canton, dans le tems où l'amiral Anson s'y trouvoit; dans cette circonstance, son équipage, à l'aide de ces machines, parvint à arrêter les progrès du feu. Les Chinois en ont senti l'utilité ; ils adopteront probablement par la suite bien d'autres découvertes d'Europe.

Depuis son entrée en Chine, l'ambassade ne remarqua pas un seul homme vêtu en mendians, ou qui parût vouloir demander l'aumône ; une foule de gens, il est vrai, paroissoient peu fortunés, mais aucun d'eux n'était réduit à la déplorable nécessité d'invoquer la charité d'un étranger. Il est vrai qu'on n'était pas alors dans cette saison rigoureuse qui diminue ou détruit les ressources des gens de la campagne, et les force quelquefois d'avoir recours à de coupables excès, pour se procurer une subsistance précaire. Mais dans ces tems désastreux, l'Empereur vient à leur secours. Les greniers publics sont ouverts; les indigens sont dispensés de payer les impôts; ils reçoivent même des secours pécuniaires: ainsi le souverain remplace, en quelque sorte, la providence en faveur de ses sujets. Il est même tellement jaloux de cette sublime prérogative, qu'il a rejetté une fois, avec courroux, les offres des marchands, qui proposoient de soulager, aux dépens de leur caisse particulière, une province désolée par la famine,

En même-tems il accepta les dons d'une riche veuve qui voulait contribuer aux frais de la guerre du Thibet. Il ne se borne pas à remédier aux désastres généraux, il tend encore une main secourable aux particuliers victimes de quelques accidents.

L'Ambassadeur avoit, de tems en tems, accordé des gratifications aux équipages des Yachts; mais ces largesses n'étoient jamais sollicitées, on les faisoit à l'insu des mandarins.

Plusieurs Anglais allèrent dans la ville faire diverses emplettes, accompagnés de mandarins; Van-ta-Zhin, entr'autres, se chargea de leur servir de guide. Il les fit entrer par un grand fauxbourg qui prouve quel accroissement a pris cette ville depuis la construction des anciennes murailles. Elles sont bâties en briques, plus hautes que les maisons qu'elles renferment, et qui, pour la plupart, sont en bois. D'un côté, elles sont baignées par la rivière; de l'autre, défendues par un large fossé. Il n'y avoit point de canon sur les remparts, mais seulement quelques mousquets auprès des portes.

Les rues principales étoient droites, pavées de grandes dalles carrées, avec des trotoirs de chaque côté. Des toiles, tendues d'un côté à l'autre des rues, les abritoient des rayons du soleil; beaucoup d'hommes du peuple étoient nuds jusqu'à la ceinture. Il y avoit de vastes greniers d'abondance, approvisionnés, dit-on, pour plusieurs années, en faveur de la capitale.

La plupart des maisons avoient, sur la rue, des boutiques remplies de marchandises, ou occupées par des artisans. De tous côtés l'on déployoit une infatigable industrie qu'excitoit sans doute le voisinage de Pékin. Le dehors des boutiques étoit peint de couleurs variées et agréables ; elles étoient ornées de dorures et de riches enseignes, pour attirer les chalans. On y exposoit en vente du thé, des soieries, des porcelaines venant du midi de la Chine, des fourures de différentes espèces, dont la majeure partie provient de la Tartarie. Les voyageurs remarquèrent avec plaisir, parmi ces marchandises, quelques pièces de draps anglais.

L'aspect des voyageurs interrompit un moment les occupations du peuple. On avait déjà vu dans cette ville des Européens ; c'étoient des missionnaires qui, pour ne point se faire remarquer, avoient affublé de longues robes à la mode du pays, et avoient laissé croître leur barbe à la chinoise. Les habits courts, les visages rasés de ceux-ci, offroient un spectacle tout-à-fait neuf. L'étranger qui excita le plus de surprise, fut un nègre attaché à l'un des Anglais. Sa peau couleur de jais, ses cheveux laineux, ses traits d'une conformation particulière, étoient inconnus dans cette contrée de la Chine. Jamais on n'y avoit vu

d'être de cette espèce. Quelques-
uns des spectateurs alloient jusqu'à
douter que ce fût un homme : les
enfans l'appeloient *fan-quée*, c'est-
à-dire, un *diable noir*. Mais l'air
enjoué du nègre les réconcilia bientôt avec son étrange figure.

Les voyageurs virent sur les murailles de plusieurs maisons, la projection ou représentation figurée
d'une éclipse de lune qui devoit
avoir lieu sous peu de jours. Dans
les pays où le climat est assez pur
pour que les hommes de tout état
vivent presque continuellement hors
de leurs maisons, ils sont naturellement portés à observer les phéno-
mènes célestes, et à leur attribuer
une certaine liaison avec ce qui se
passe sur la terre. Des événemens

amenés par quelque circonstance fortuite, entretiennent ces préjugés, et la vanité de prédire contribue beaucoup à accréditer la prétendue science de l'astrologie.

Les éclipses ayant, au jugement du vulgaire, une influence marquée sur les opérations de la nature, et sur les destinées des hommes, les époques où elles ont lieu méritent d'être remarquées. Le gouvernement chinois, toujours attentif à établir son autorité sur la haute opinion que le peuple a de sa sagesse supérieure, et des soins assidus qu'il prend pour le bonheur général, a profité du préjugé qu'on a sur les éclipses, en se réservant le droit exclusif de communiquer tout ce que peuvent apprendre à cet égard les sciences, aidées des observations astronomiques. Il annonce d'avance les éclipses avec un appareil et une solennité faits pour inspirer à ses sujets la plus grande vénération envers un pouvoir dont ils reçoivent d'aussi utiles instructions.

Les Chinois ont toujours considéré les éclipses de soleil comme le présage de quelque calamité publique. En effet, la disparition totale ou partielle de cet astre, au milieu de sa course radieuse, a quelque chose d'imposant pour ceux qui en ignorent la cause. Comme on prend tous les soins imaginables afin de persuader au peuple qu'il doit sa prospérité aux vertus et à la grandeur de son souverain, il croit aussi qu'il y a de sa faute, s'il paroît dans les cieux quelque augure funeste.

L'empereur a la politique de se tracer un plan de conduite, d'après cette incommode superstition. Jamais il n'entreprend rien d'important à l'approche d'une éclipse de soleil ; il affecte au contraire d'éviter la présence de ses courtisans, et d'examiner, dans le recueillement et la solitude, l'administration des affaires publiques, afin de corriger les fautes qui peuvent avoir été commises, et dont l'éclipse est la punition ; en même tems, il invite son peuple à lui donner librement ses avis.

Quelques-uns des mandarins qui accompagnoient l'ambassade, n'ignoroient point la cause des éclipses : ils savoient qu'il y avoit à la cour de Pékin des Européens employés à les calculer ; mais ils pensoient que les Chinois étoient en état de les prédire avec assez de précision, sans qu'ils annonçassent par quels moyens ils y parvenoient.

« L'éclipse (1) annoncée eut lieu pendant le séjour de l'embassade, à *Yuen-min-Yuen*. Quand elle commença, on entendit un vacarme effroyable dans la petite ville de *Hai-Tien*. On sonnoit de petites cloches ; on frappoit des *loo*, des claquets et des tambours ; ce bruit fut si terrible, que *le dragon qui tenoit la lune dans ses griffes, en fut épouvanté et abandonna sa proie* ».

―――――――――――――

(1) Extrait de Hüttner.

Les Chinois comptent parmi eux des observateurs patiens et attentifs, mais ils ne possèdent pas assez à fond la science du calcul, pour trouver la solution d'un problême compliqué. Le peuple ignore généralement les premières opérations de l'arithmétique. Dans les boutiques où les Anglais firent leurs acquisitions, on enregistroit les articles vendus, et l'on inscrivoit les prix en caractères qui exprimoient les mots de la langue, et non en chiffres proprement dits.

Faute de connoître les chiffres arabes ou d'autres signes qui puissent les suppléer, ils font leurs calculs avec un instrument appelé *swan-pan*. Il consiste en boules enfilées avec des fils d'archal sur différentes

différentes colonnes, disposées suivant les principes de la numération décimale. Les boules qui figurent les unités, sont sur la première colonne, à droite, les autres vont avec une progression décuple en s'avançant vers la gauche.

La subdivision décimale des mesures en usage parmi les Chinois, simplifie considérablement leurs calculs. Ainsi le *leang*, qui équivaut à une once d'argent (1), se divise en dix *tchen*, le *tchen* en dix *fen*, le *fen* en dix *lée*. Donc le *lée* est la millième partie du *leang*. C'est une

---

(1) L'auteur ne dit pas si c'est l'once de 12 ou de 16 à la livre. On connoît en Angleterre ces deux espèces de poids. (*Note du traducteur.*)

monnoie effective de cuivre, dans laquelle il entre beaucoup d'alliage. Il se subdivise encore en d'autres monnoies de compte.

Le *lée* est de forme circulaire. Il est percé, au milieu, d'un trou carré, afin qu'on puisse l'enfiler. On en fait ainsi des paquets qui en contiennent dix, ou des multiples de dix.

Une monnoie d'une aussi petite valeur convient parfaitement aux besoins de la basse classe du peuple. Le thé se vend, à la Chine, dans des tavernes, comme la bierre en Angleterre. Une tasse de thé se paye un *lée*.

C'est la seule monnoie empreinte qui circule dans la Chine. Le gouvernement a jugé qu'une seule espèce de monnoie mettroit plus de fixité dans les prix ; car la valeur relative de deux ou de plusieurs métaux, pris isolément, est sujette à des variations. Il peut se faire que la monnoie d'un métal acquierre une valeur au-dessus ou au-dessous de celle qu'elle avoit originairement, par rapport à la monnoie d'un autre métal.

En Chine, l'argent est proprement une marchandise ; il n'y en a point de monnoyé, les paiemens se font en lingots. Ils conservent la forme qu'ils avoient en sortant du creuset ; ils sont revêtus d'une empreinte, pour attester leur poids, qui est ordinairement de dix onces.

La valeur de l'argent varie suivant qu'il en est sorti une plus ou moins grande quantité du trésor impérial.

Les piastres espagnoles ont cours dans toute l'Asie. On a vu dans le tome 2 de cette relation qu'elles étoient connues du pilote Cochinchinois. Les marchands de Tong-Chou-Fou les connoissoient aussi fort bien. On employe rarement l'or dans les transactions commerciales, il n'est mis en œuvre que pour des objets de parure ou d'ornement. La valeur de l'argent se trouve, dans ce pays, plus forte proportionnément à celle de l'or, qu'elle ne l'est en Europe, à moins qu'on ne fasse une consommation extraordinaire de ce dernier métal. L'or a renchéri lorsque l'empereur régnant a fait décorer les temples du Lama en Chine et en Tartarie.

A la mort d'un empereur chinois, la monnoie qui porte son nom est dépréciée. La matière qui la compose est d'un si bas aloi, qu'on ne peut guère en faire usage : l'ancienne monnoie est commune dans le pays.

Quelques curieux chinois ont des collections de monnoies ; mais il n'y en a point d'assez précieuses pour que des artistes soient tentés de les contrefaire. On peut regarder une série complette de ces monnoies, comme une confirmation de l'histoire de la Chine. On en a apporté une en Europe. Toute imparfaite qu'elle est, elle remonte bien au-delà de l'ère chrétienne.

CHAPITRE XVI.

Ancien monument à Tong-Chou-Fou. — Ressemblance du culte de Fo avec la religion catholique. — Cimetières chinois. — Instrumens aratoires. — Paysannes chinoises. — Manière de porter les gros fardeaux. — Arrivée à Pékin. — Description de cette ville. — L'ambassade loge dans un palais voisin de Hai-Tien. — Discussion sur les hommages que l'on exige pour l'Empereur. — L'ambassade obtient l'autorisation de retourner à Pékin.

Les annales de la Chine attestent et la tradition confirme, quels soins prennent les empereurs pour transmettre à la postérité la plus reculée, leur nom et leur gloire par des monumens durables. Mais une barbare politique a engagé chaque dynastie, en montant sur le trône, non-seulement à exterminer les restes de la race de ses prédécesseurs, mais à détruire jusqu'aux monumens qui pouvoient en retracer la mémoire. Ainsi les édifices qu'on a laissé subsister ne portent aucune trace des princes par qui ils ont été érigés.

On voit dans un coin retiré de Tong-Chou-Fou, un de ces monumens qui a toutes les apparences d'une grande antiquité, et qui semble n'avoir point de rapport avec le reste de la ville. Telle est même son inutilité, qu'on ne connoît pas avec certitude quelle fut sa destination originaire. Il est construit en briques, et ressemble extérieurement à ce que nous appelons en Europe, des pagodes chinoises, et que nous croyons être des lieux consacrés à la religion. Mais l'édifice en question ne peut avoir eu un semblable objet. Ses deux premiers étages, vastes et solidement construits, n'ont cependant ni portes ni fenêtres : on n'y aperçoit aucun vestige d'escalier, ni aucun moyen de gagner la porte qui est au troisième étage.

Les étages, au nombre de onze, se distinguent par une espèce de corniche ou saillie de briques. Toutes les parties du monument sont couvertes d'herbe et de mousse, mais parfaitement bien conservées. On croit que sa fondation est antérieure à celle de la ville, et même à la construction de la grande muraille de la Chine : c'étoit un poste avancé où veilloit sans cesse une garde, pour avertir des incursions des Tartares.

Les édifices élevés et circulaires que les Européens nomment *pagodes*, sont très-communs à la Chine ; mais on n'y pratique aucune cérémonie religieuse. Les temples ne se distinguent point, par leur hauteur, des maisons ordinaires. Dans celui où logeoit l'ambassadeur, la foule des dévots étoit considérable, malgré la présence des étrangers. L'interprète chinois qui étoit zélé chrétien, et même prêtre de l'église catholique, ne voyoit qu'avec regret les Anglais examiner les images et assister aux rites de la religion de Fo. Il craignoit qu'ils ne fussent frappés de la singulière ressemblance qui existe entre le culte extérieur de cette religion et les rites de l'église romaine.

Cette analogie est telle, que quelques missionnaires ont pensé que jadis les Nestoriens avoient introduit en Chine, par la voie de la Tartarie, quelques notions confuses du christianisme. D'autres se sont persuadés que l'apôtre Thomas y avoit prêché. Mais le missionnaire Premare s'imaginoit bonnement que c'étoit un tour que le diable avoit voulu jouer aux Jésuites.

Un de ces ecclésiastiques observe qu'un Chinois qui entreroit dans une église catholique, pourroit croire qu'on y adore les divinités de son pays. On voit souvent sur l'autel d'un temple chinois, derrière un écran, une statue de *Chin-Mou*, c'est-à-dire, la *Mère sacrée*. Elle est assise dans une alcove, et tient un enfant dans ses bras. Une auréole, ou cercle de gloire, entoure sa tête ; des cierges brûlent sans cesse devant elle. En un mot, elle ressemble en tout point à la vierge Marie.

Les robes longues et grossières des *ho-chaungs*, ou prêtres de Fo, la corde qui leur sert de ceinture, leur donnent le plus grand rapport avec les moines franciscains. Comme ces derniers, ils font vœu de célibat, vivent en commun dans des couvens,

couvens, et s'imposent, en certaines occasions, des jeûnes rigoureux et d'autres pénitences volontaires.

Les temples de Fo contiennent bien plus d'images qu'on n'en rencontre dans la plupart des églises chrétiennes. Elles ont en général plus de conformité avec la religion des anciens Romains, qu'avec celle des nouveaux. On y voit une figure de femme qui a assez de rapports avec celle de Lucine. Elle est invoquée par les jeunes filles qui desirent un époux, et par les jeunes femmes qui veulent avoir des enfans.

La doctrine de Fo admet une déité spéciale et d'un ordre inférieur, pour tous les vœux que l'esprit humain peut former : elle n'a pu manquer d'avoir de nombreux prosélytes parmi les classes du peuple qui ne se contentent point de la perspective bornée que leur offrent les causes et les événemens naturels. Le gouvernement ne s'oppose point aux progrès de cette secte, et ne se mêle jamais des affaires de conscience : il ne prohibe que les religions qu'il croit capables de porter atteinte à la tranquillité publique.

En Chine, on ne connoît point de religion dominante. Les prêtres d'aucun culte ne sont payés ni particulièrement favorisés par l'Etat. L'Empereur a sa religion, qui est celle du Lama. Plusieurs mandarins en professent une autre. La majorité du peuple est attachée aux temples de Fo.

Il n'y a point de nation plus superstitieuse que le commun des Chinois. Non-seulement ils ne manquent point aux offices habituels, mais tous les sectateurs de Fo s'y rendent lorsqu'ils sont à la veille de se marier, d'entreprendre un voyage ou quelqu'autre affaire importante. Ils consultent la divinité tutélaire par différens procédés.

L'un consiste à mettre dans une canne creuse de bambou, plusieurs petits bâtons consacrés, lesquels sont étiquetés et numérotés. Le dévot, à genoux devant l'autel, secoue le bambou jusqu'à ce qu'un des bâtons soit tombé à terre. On en examine la marque, et l'on cherche, dans un livre que le prêtre tient ouvert, le passage correspondant. Ce passage répond à la question qu'on a faite. Quelquefois les oracles sont écrits sur une feuille de papier collée aux murs du temple.

Dans d'autres occasions, on jette en l'air un polygone de bois, dont chaque face est marquée. Quand il est tombé, la marque d'en haut indique la réponse dans le livre du destin. Si la réponse est favorable, celui à qui elle est faite se prosterne pour témoigner sa reconnoissance. Si elle ne s'accorde pas avec ses desirs, il fait une seconde et même une troisième épreuve. Celle-ci détermine irrévocablement ce qu'il doit faire. Au reste, le peuple ne paroît pas avoir infiniment de considération pour les prêtres. Leur culte consiste plutôt en actions de grâce qu'en invocations. Bien peu de Chinois étendent leurs vœux au-delà de ce qui a rapport au bien-être de cette vie.

Les Chinois eurent à leur tour une occasion de connoître une cérémonie religieuse des Anglais, en assistant aux funérailles d'un des leurs qui mourut à Tong-Chou Fou le 19 août.

C'étoit un habile ouvrier en cuivre et autres métaux. Il étoit venu de Birmingham s'établir à Londres: il y vivoit honnêtement du produit de son industrie, lorsqu'il entendit parler de l'expédition qui se préparoit pour la Chine. Il savoit qu'à

Pékin on employoit dans les arts, des procédés inconnus en Europe, que l'on y fabriquoit une espèce de clinquant moins sujet à se ternir que le nôtre. Il imagina que s'il parvenoit à apprendre de tels secrets, il pourroit assurer à sa famille une honnête fortune. Il ne pouvoit espérer d'en jouir par lui-même, car il étoit avancé en âge, d'un tempérament foible et valétudinaire : il se dévouoit pour ses enfans.

Quand l'escadre étoit à Madère, son excellence, voyant combien cet homme avoit souffert de la traversée, voulut le renvoyer à Londres; mais il persista dans sa résolution, et arriva jusqu'à une journée de la capitale où il se flattoit de faire d'utiles découvertes. Il périt victime de son affection paternelle. C'étoit un homme estimable sous tous les rapports. Ses compagnons de voyage de tous les rangs, le regrettèrent beaucoup, et la médiocrité de sa condition ne l'empêchera pas d'être honorablement cité dans cette relation. Il se nommoit *Eades*.

Ses funérailles furent accompagnées par le plus grand nombre des personnes attachées à l'ambassade, et par une foule immense de Chinois. La cérémonie eut lieu avec toute la gravité et la décence qu'elle comportoit, non-seulement par respect pour la mémoire du défunt, mais par considération pour les Chinois, qui traitent de barbarie et d'inhumanité révoltantes, la moindre légèreté, la plus légère inattention qu'on se permet dans ces circonstances.

Eades fut enterré au milieu de plusieurs tombeaux chinois entremêlés de cyprès. Le cimetière étoit sur le bord du grand chemin, loin de toute espèce de temple. Ces lieux ne sont sanctifiés que par la vénération des fils qui viennent y baigner de larmes la cendre de leurs pères. Le peuple en prend tout le soin possible. Chaque année on les visite pour réparer les brèches qu'un accident peut avoir occasionnées, arracher les herbes et enlever la boue. Les Chinois placent de préférence leurs cimetières dans les terreins qui ne sont point propres à la culture. Ils regardent ces lieux comme devant être naturellement plus tranquilles. Au reste, le plus pauvre paysan se garde bien de toucher à l'endroit où un monticule de terre annonce qu'on y a déposé des restes humains. Il respecte ce modeste monument jusqu'à ce ce que le tems et les effets insensibles de l'air aient achevé de le mettre entièrement de niveau avec le sol environnant.

La campagne des environs de Tong-Chou-Fou est unie et extrêmement fertile. Quelques Anglais y firent des promenades à cheval. Les chevaux de cette partie du pays sont forts et ont les os solides. On ne cherche point à en améliorer la race. Les mulets se vendent, en Chine, plus chers que les chevaux, parce qu'il est plus facile de les nourrir, et qu'on peut les faire travailler davantage. Beaucoup de chevaux ont la peau tachetée avec autant de régularité que celle des léopards. Pour parvenir à obtenir cet effet, on croise des animaux de couleurs opposées. La selle, et en général tous les harnois, sont d'une élégance peu recherchée.

Les cavaliers chinois que rencontrèrent les Anglais, mirent pied-à-terre par politesse, suivant l'usage d'Orient.

On voit à la Chine un certain mélange de costumes orientaux et occidentaux. Dans les environs de Tong-Chou-Fou, les Anglais remarquèrent, après la moisson, que l'on battoit quelquefois le bled avec des fléaux, suivant la méthode européenne, ou qu'on le faisoit fouler aux pieds des chevaux, suivant la coutume de l'Orient. On se sert aussi, pour le même objet, d'un gros cylindre. Leur van est absolument semblable à celui dont on use en Europe depuis un siècle. Il est probable que l'invention en est dûe à la Chine.

La récolte d'automne consistoit particulièrement en maïs et en millet. On ne voyoit que fort peu de bétail et de pâturages. Les animaux destinés au service de l'agriculture et des charrois, sont nourris dans des étables avec des fourrages. On donne aux chevaux des fèves et de la paille très-fine hachée. On laisse souvent pourrir sur la terre, les racines du bled et les plus grosses tiges des autres plantes, afin qu'elles servent d'engrais.

Les chaumières des paysans sont éparses, et non réunies en villages. Elles sont propres et commodes ; on n'y voit ni clôtures, ni portes, ni, en un mot, aucunes précautions contre les bêtes féroces et les voleurs. Il est vrai que le vol est très-rare à la Chine : il n'y est point puni de mort, à moins qu'il ne soit accompagné de violence.

Les femmes des paysans chinois sont très-laborieuses. Elles ne se bornent pas aux détails intérieurs du ménage ; elles font encore les travaux dont on peut s'occuper dans les maisons. Elles élèvent des vers à soie, filent du coton et fabriquent

quent des étoffes. Il n'y a point de tisserands de profession.

Cependant ces femmes prétendent rivaliser les dames du haut parage, par la petitesse de leurs pieds. Leurs maris ont sur elles un empire extraordinaire. Ils ne leur permettent pas toujours de s'asseoir à leur table : ils se font servir par elles.

Il est vrai qu'on inculque aux Chinois, dès leur plus tendre enfance, des préceptes de morale qui tempèrent cette sévérité. On leur apprend à se conduire avec douceur envers tous ceux avec qui ils ont quelques rapports. Les vieillards demeurent avec les jeunes gens de leur famille, et modèrent leur impétuosité. Des sentences d'une morale simple et pure, sont écrites dans la chambre où se rassemblent les mâles de la famille. Il y en a toujours quelqu'un en état de les lire aux autres. On voit dans chaque maison un tableau de généalogie, où sont retracés les noms de tous les ancêtres de la famille. On rappelle dans la conversation, les actions qui les ont honorés ; leur exemple tend à exciter les autres à marcher dans le même sentier. Les descendans d'une même race visitent ensemble, à des tems marqués, les tombeaux de leurs pères. Il en résulte entr'eux un rapprochement nécessaire qui réunit les parens les plus éloignés. Jamais ils ne se perdent de vue, et cessent rarement de prendre un intérêt réciproque à ce qui les concerne. Le fils est obligé de travailler pour l'entretien et le soulagement de ses père et mère ; le frère fournit des alimens à ses frères et sœurs maltraités de la fortune. L'oubli de ces devoirs exciteroit tant d'horreur, qu'il n'est pas besoin d'une loi positive pour en assurer l'observation. Tout homme réduit à l'indigence par maladie ou par tout autre accident, a droit de réclamer l'assistance de ses parens les plus éloignés. C'est pour cela que, dans ce pays, on ne voit jamais de misérables réduits à implorer la charité des passans. Il n'est pas même nécessaire qu'il y ait des hôpitaux.

Il est très-rare que des hommes soient assez infirmes, ou des enfans assez foibles, pour être absolument hors d'état de gagner leur vie par un travail quelconque. Dans les manufactures domestiques, il faut souvent peu de force ou d'habileté pour exécuter des choses essentielles. Dans la campagne, le sol est léger et la culture facile. On laboure, près de Tong-Chou-Fou, avec des bœufs, parce que le climat est trop froid pour des buffles. Dans les provinces plus chaudes, on préfère ces derniers. Les bœufs sont attelés par le cou, et non par les cornes.

On employa, pour le transport du bagage et des présens, plusieurs hommes de Tong-Chou-Fou. On ne pouvoit confier qu'à des hommes, ceux des objets assez fragiles pour être endommagés par le cachos des voitures sans ressorts. Les mandarins eurent besoin, pour cela, de quatre-vingt-dix charriots, de quarante brouettes, de deux cents chevaux, et de près de trois mille hommes.

Les fardeaux les plus volumineux et les plus lourds, étoient portés par des hommes, de la manière décrite dans la planche 10 de l'atlas.

L'ambassadeur, et trois autres anglais, voyagèrent en chaises à porteurs; d'autres firent la route à cheval, ainsi que les mandarins, dont le principal se tenoit toujours à côté de la chaise de son excellence. Les soldats chinois marchóient à pied, et faisoient écarter la foule. Les domestiques et les gardes de l'ambassadeur furent transportés sur des charriots à roues. Tout ce cortège occupoit sur la route un espace immense.

Le chemin de Tong-Chou-Fou à Pékin est parfaitement uni. Le milieu est pavé en blocs de granit depuis six jusqu'à seize pieds de long, sur quatre de large. Il y a de chaque côté un chemin non pavé, assez large pour le passage des voitures. La route est presque par-tout bordée d'arbres, et particulièrement de saules.

Les voyageurs passèrent bientôt sur un pont de marbre d'une construction digne de la richesse de la matière. Il est large, solide; et comme il traverse un ruisseau qui ne déborde jamais, il est fort peu élevé au-dessus du niveau de la route (*Voyez l'Atlas, planche* 11.)

Quelques-uns des gardes de l'ambassadeur, fatigués d'être emprisonnés dans les voitures, préférèrent marcher à pied. Par ce moyen, le peuple, qui accouroit en foule, put contempler à loisir les traits, la tournure et l'habillement des étrangers. On remarqua sur-tout leurs figures rubicondes, leurs cheveux poudrés, leurs habits serrés et courts, qui n'empêchoient point de distinguer leurs formes.

La chaleur étoit brûlante. Le thermomètre de Farenheit étoit à

96 degrés (1) dans les voitures couvertes. Les gardes, qui alloient à pied, paroissoient incommodés de la poussière, du soleil et de la foule qui les entouroit. Plusieurs spectateurs s'en étant aperçus, s'écartèrent d'eux-mêmes, afin qu'ils respirassent plus librement; mais d'autres, ignorans et légers, n'en firent qu'un sujet de raillerie.

On s'arrêta pour déjeûner dans un village sur la route. La taverne où l'on entra ne ressembloit point aux établissemens de ce genre qui existent en Angleterre. Il n'y avoit ni élégance, ni décorations; mais les chambres, quoique petites, étoient propres et bien aérées. On

---

(1) 24 à 25 degrés de Réaumur.

y servit des rafraîchissemens de toute espèce. Les Anglais en partirent dans l'impatience de découvrir la célèbre capitale, qu'on assure être la plus grande ville du monde. Cependant rien n'annonçoit encore que l'on fût dans son voisinage. Enfin le cortège arriva à l'entrée d'un des faubourgs du côté de l'est.

Les voyageurs passèrent dans une rue pavée qui fourmilloit de monde, et sur-tout d'ouvriers, de marchands et d'acheteurs. Le peuple ne paroissoit pas tant s'être rassemblé par curiosité que pour vaquer à ses occupations ordinaires. Après s'être amusé un moment de ce spectacle, chacun retournoit à ses affaires.

On mit un quart-d'heure à traverser ce faubourg, et l'on arriva devant les murs de la cité.

L'arrivée de l'ambassadeur fut annoncée par des salves d'artillerie. On avoit préparé, en dedans de la porte de la ville, des rafraîchissemens pour les premières personnes de la légation. Auprès de la porte, les murs étoient revêtus en pierres : ailleurs, ils étoient de briques. Au-dessus de la porte s'élève une tour à plusieurs étages, qui sert de guérite pour placer une vedette. On a peint, entre les étages, des embrâsures propres à recevoir du canon, comme on figure quelquefois des sabords sur les côtés des navires marchands. Il existe, en dehors de la porte, un mur circulaire avec une porte latérale. Cet ouvrage, construit d'après les règles de la fortification européenne, est assurément une addition moderne.

Les murailles de la ville ont quarante pieds de hauteur. Le parapet est garni de créneaux profonds; mais il n'y a point d'embrâsures régulières ni de canons. On a pratiqué des meurtrières pour les archers. Les murailles ont vingt pieds d'épaisseur à leur base, et douze au niveau du terre-plain, sur lequel le parapet est élevé. Le côté extérieur est un peu incliné, l'intérieur forme un angle considérable, parce que les rangs de briques y sont élevés en forme de degrés les uns sur les autres, comme on représente les pyramides d'Egypte.

Les murs sont flanqués de tours carrées, à soixante pas les unes des autres ; elles saillent en dehors de la courtine de quarante ou cinquante pieds. Plusieurs cavaliers peuvent marcher de front sur les remparts ; ils y montent par des talus inclinés.

L'entrée de Pékin offre un coup-d'œil bien différent de celui des grandes villes d'Europe. où les rues sont si étroites, et les maisons si élevées, que de l'extrémité d'une rue, l'on croiroit que les maisons de l'autre bout se touchent. Ici la plupart des maisons n'ont qu'un seul étage ; aucune n'en a plus de deux. Les rues qui les divisent ont beaucoup plus de cent pieds de largeur.
Elles

Elles sont aërées, claires et gaies.

Celle où passa l'ambassade, n'étoit point pavée; on l'avoit arrosée, de peur de la poussière. Elle étoit traversée par un de ces édifices légers appelés, par les Chinois, *pai-lou*, que l'on a eu tort de traduire par *arc de-triomphe*, car ils n'ont rien qui ressemble à un arc. Ce monument est en bois. Il est formé de trois belles portes, dont celle du milieu est la plus haute et la plus large. Au dessus de chaque porte est un toit richement décoré. De grands caractères dorés, placés sur les diverses parties de l'édifice, annoncent pour quel objet le *pai-lou* a été construit.

Cette rue est interrompue par le

mur oriental du palais de l'Empereur, qu'on appelle *mur jaune*, à cause de la couleur d'un petit toit de tuiles vernissées qui le surmonte. On voit dans ce quartier plusieurs édifices publics qui appartiennent à l'Empereur, et sont également couverts de toitures jaunes. Ces toits ne sont point interrompus par des cheminées. Les bords et le comble en sont symétriquement échancrés, et présentent des festons d'un effet plus agréable à l'œil que celui de longues lignes droites. Ils sont, de plus, ornés d'une multitude de figures, dont quelques-unes imitent des êtres réels, et le plus grand nombre n'a de modèle que dans l'imagination.

Ces toits resplendissant comme de

l'or, parce qu'ils réfléchissoient les rayons du soleil, présentèrent aux Anglais un coup-d'œil imposant, qu'on ne cherche point dans cette partie d'un édifice.

Près de la porte, étoient d'immenses magasins de riz; sur la gauche, on apercevoit un bâtiment que l'on dit être un observatoire élevé sous le règne de l'empereur *Yong-Loo*, à qui cette ville est redevable d'une grande partie de ses embellissemens.

La plus grande partie des maisons de cette grande rue, ont des boutiques peintes et décorées comme celles de Tong-Chou-Fou, mais avec bien plus de magnificence. Quelques-unes sont surmontées de grandes terrasses couvertes d'arbustes et de fleurs. On voit sur le devant des portes, quantité de lanternes de corne, de mousseline, de soie, de papier. Les figures en sont tellement variées, qu'on diroit que les Chinois y ont épuisé toutes les ressources de leur imagination. Quantité de marchandises étoient exposées en vente, tant en dedans qu'en dehors des boutiques.

« J'ai lu quelque part (dit M. Hüttner) que l'on ne voit jamais de femmes dans les rues de Pékin. Cela est faux, car non-seulement nous en vîmes beaucoup de la classe du peuple, mais nous aperçûmes des dames richement parées et fort jolies, dans les rues ou à leurs balcons. »

L'ambassade rencontra un cortège nombreux de personnes dont

les vêtemens blancs devoient annoncer à des Européens, la cérémonie d'un mariage. Mais l'aspect d'un jeune homme accablé de douleur, prouva bientôt que c'étoit une pompe funèbre. Le corps étoit dans un beau cercueil carré, au-dessus duquel étoit un dais peint de couleurs gaies et jolies; des drapeaux de différentes couleurs, le précédoient. A la suite du cercueil, venoient plusieurs chaises à porteurs, couvertes de drap blanc, et qui contenoient les femmes de la famille du défunt.

La couleur blanche est, à la Chine, l'emblême de l'affliction; aussi se garde-t-on bien de l'employer dans des fêtes nuptiales.

Les Anglais ne tardèrent point à

être témoins d'une cérémonie de ce genre. La jeune épouse, qui étoit encore absolument inconnue au futur, étoit portée dans une chaise magnifiquement dorée, ornée de fleurs artificielles, et suivie par des parens, des domestiques et d'autres personnes chargées de son trousseau, unique dot que les parens donnent en mariage à leurs filles.

La foule étoit encore augmentée par les principaux mandarins, qui ne sortent jamais sans une suite nombreuse. Il y avoit des grouppes considérables autour de marchands à l'encan, d'empyriques, de prétendus devins, de chanteurs et d'autres jongleurs qui, par leur verbiage, enlevoient à leurs auditeurs quelques *tchen* (1), destinés sans doute à un autre usage.

L'ambassade fournissoit, dit-on, amplement aux contes des charlatans qui, dans ce moment, captivoient l'attention de la multitude. On débitoit que les présens apportés à l'Empereur, se composoient de raretés provenant des autres pays, et inconnues à la Chine. On assuroit gravement que parmi les animaux qui en faisoient partie, il y avoit un éléphant pas plus grand qu'un singe, mais aussi féroce qu'un lion; un coq qui se nourrissoit de charbon, etc. Tout ce qui

---

(1) On a vu plus haut que le *tchen* est un paquet de dix *lées*. (*Note du traducteur.*)

venoit d'Angleterre, étoit supposé différer prodigieusement de ce qu'on avoit vu jusqu'alors à Pékin, et posséder des qualités tout oppo-ées à celles que comporte leur nature.

« Dans le cours du voyage (1), un mandarin s'approcha un jour de l'interprète, et lui demanda avec mystère, s'il ne seroit pas possible de faire voir à lui et à ses amis, les choses rares et curieuses que l'on devoit offrir à l'Empereur. L'interprète, tout étonné, le pressa de s'expliquer. « Oui, repartit le » mandarin, j'ai entendu dire que » vous avez apporté, entr'autres, » une poule qui mange cinquante

---

(1) Extrait de Hüttner.

» livres de charbon par jour, un
» nain d'un pied et demi, un élé-
» phant de la taille d'un chat, un
» oreiller magique, doué de la vertu
» de transporter sur-le-champ à
» l'endroit où il le desire, celui qui
» y pose sa tête. »

« Le mandarin croyoit si ferme-
ment à cette absurdité, qu'on eut
bien de la peine à le désabuser. On
nous a assuré que ces nouvelles
avoient été insérées dans les papiers
publics. »

La vue des étrangers porteurs
de ces merveilles, suspendit un
instant les diverses occupations du
peuple. Il se pressa en foule pour
voir défiler le cortège. Les soldats
chinois maintenoient l'ordre avec
de grands fouets ; mais ils ne frap-

poient presque jamais que la terre.

Quand les Anglais furent arrivés auprès de la façade orientale du mur jaune, ils tournèrent à droite, en suivant le même mur, et trouvèrent moins de mouvement qu'ils n'en avoient observé dans la première rue. Au lieu de boutiques, il n'y avoit que des maisons, dont la façade étoit masquée par un mur, et précédée d'une cour. Ce mur s'appelle *mur de respect.*

L'ambassade fit halte en face de la triple porte, au nord du palais impérial. Ici, le mur paroît enclore une grande quantité de terrain inégal et raboteux. Une partie consiste en petites collines presque à pic. Les excavations profondes d'où l'on avoit tiré la terre pour construire ces élévations, se trouvoient remplies d'eau. Au sein de ces lacs artificiels, sont de petites îles sur lesquelles il y a des bosquets et des pavillons de fantaisie. Les principales habitations de l'Empereur sont bâties sur des montagnes inégales en hauteur. L'ensemble a presque l'air d'un palais de fées.

Sur la cîme des plus hautes montagnes, il a des pavillons, des kiosks et autres lieux destinés au plaisir, environnés de grands arbres. C'est dans un de ces cabinets que s'est passée l'horrible scène qui a mis un terme à la dynastie des souverains fondateurs de ce palais magnifique.

Vers le milieu du 16ᵉ. siècle, un homme que la fortune combla un instant de ses faveurs, et qui se crut destiné à devenir la souche d'une dynastie nouvelle, profita de la foiblesse et de la molle indolence de la cour. Le rebelle, à la tête d'une armée d'insurgés qu'avoient séduits d'abord l'espoir de faire le bonheur de leur pays, ensuite l'espoir du pillage, s'avança jusqu'aux portes de Pékin. Le monarque infortuné, mal défendu par ses lâches partisans, et n'ayant pas lui-même assez d'énergie pour oser résister, ne voulut pas cependant se soumettre à son ennemi. Déterminé à sauver sa fille unique de l'opprobre qui la menaçoit, il la poignarda de sa main, puis il mit un terme à sa propre vie, à l'aide d'une corde fatale. Cette catastrophe eut lieu dans un des kiosks du palais.

En

En regardant à travers la porte du jardin, les Anglais découvrirent une rue qui alloit droit au nord, et confinoit aux murs de la ville. Là, ils aperçurent un vaste édifice, d'une hauteur considérable, lequel renferme une cloche cylindrique, d'une prodigieuse grandeur. En frappant avec un maillet de bois sur le bord extérieur de cette cloche, on en tire un son assez fort pour être entendu distinctement de toute la capitale.

Au-delà, mais plus à l'ouest, est une des portes septentrionales, dont quantité de bâtimens intermédiaires ne cachent pas la tour élevée.

Entre le *mur jaune* et les maisons du nord de la ville, on rencontre un lac de plusieurs acres de superficie. Il étoit alors (en automne) couvert presque entièrement des feuilles velues du *lien-wha* des Chinois (*nymphæa nelumbo*).

La feuille de cette plante, par sa structure et par la manière dont elle tient à la tige, a l'avantage de défendre du contact de l'eau la fleur et le fruit qui surnagent au centre. Quelque profondeur qu'ait le lac ou la rivière où croît le *lien-wha*, il n'est qu'un débordement subit qui puisse submerger sa fleur. Il résiste au froid rigoureux de l'hiver de Pékin, et néanmoins on le conserve avec peine dans les serres d'Europe. Ses feuilles sont aussi belles et aussi parfumées que ses graines sont agréables au goût.

On fit voir aux Anglais une

maison où demeuraient quelques Russes ; ils y remarquèrent une plus grande rareté, une bibliothèque de manuscrits étrangers, parmi lesquels, dit-on, se trouve un exemplaire arabe du *Koran*. Il y avoit parmi les spectateurs, des Mahométans d'une secte nouvelle, et qui se distinguoient, par leurs bonnets rouges ; des femmes nées en Tartarie, ou d'origine tartare. Les pieds de ces femmes n'étoient point défigurés comme ceux des Chinoises ; elles avoient des souliers plus grossiers. Quelques-unes d'entr'elles étoient bien parées : leurs traits étoient agréables ; une forte couche de vermillon couvroit le milieu de leur lèvre inférieure. Les unes étoient en voitures couvertes, les autres à cheval, montées à la manière des hommes. On trouve dans plusieurs quartiers de Pékin, des voitures et des chevaux de place.

De tous côtés paroissoient des ouvriers munis de leurs outils, et cherchant de l'emploi, et des colporteurs offrant leurs marchandises. L'ambassade traversa une rue de quatre milles (plus d'une lieue) de long, qui s'étend d'un bout à l'autre de la cité tartare. Elle n'est interrompue que par des *arcs-de-triomphe*. Après une marche de plus de deux heures, on arriva à une des portes occidentales. C'est là que commence à s'élargir un petit ruisseau qui fait tout le tour de Pékin, et se jette à Tong-Chou-Fou, dans le Pei-Ho. Le faubourg de ce côté est plus considérable que de l'autre.

Tout ce que les Anglais avoient vu, le palais impérial excepté, étoit loin de répondre à l'idée imposante qu'ils s'étoient formée de la capitale de la Chine. Ils pensèrent qu'un chinois impartial verroit avec plus d'enthousiasme les vaisseaux, les ponts, les places, les édifices publics, et l'ensemble de richesses qu'offre la capitale de la Grande-Bretagne.

En sortant de Pékin, ils suivirent encore un chemin de granit. Il conduit à la ville de Haï-Tien, qui n'est point encore entourée de murailles, et dont les maisons ne sont occupées que par les marchands et les ouvriers qui fréquentent le palais d'automne de Yuen-Min-Yuen. Ce palais est un peu au-delà de la ville. Il y a dans Hai-Tien des missionnaires italiens employés par la cour en qualité d'artistes.

On logea l'ambassade dans une maison de plaisance entre Hai-Tien et le palais. Cette maison est renfermée dans un enclos de plus de douze acres. Le sol en est inégal, entrecoupé de bosquets, de pelouses et de rochers factices, comme celui de tous les jardins chinois. Les bâtimens consistent en pavillons isolés, entourés de petites cours. Les appartemens sont beaux et commodes. On y voit des paysages en miniature, dont le dessin est correct, où les règles de la perspective sont fidèlement observées ; mais l'omission totale du jeu de la lumière et des ombres prouve qu'ils sont sortis d'un pinceau chinois. Un lac est représenté au centre des arbres et des maisons ; mais le peintre auroit cru faire une faute en figurant dans l'eau la projection de ces objets.

Cette maison de plaisance avoit servi à loger les ambassadeurs étrangers, et même les premiers officiers de l'Etat, pendant le séjour de la cour au palais d'automne ; mais depuis quelque tems elle étoit déserte et avoit besoin de réparations.

« On avoit donné aux Anglais (1),

---

(1) Extrait de Hüttner.

pour leur fournir ce dont ils avoient besoin, une douzaine de mandarins. Je ne sais si c'étoit par excès d'égards ou par méfiance. L'un étoit le *mandarin fournisseur de lait;* l'autre, le *mandarin fournisseur de pain;* un troisième, le *mandarin portier*, etc. Leur foule étoit on ne peut plus importune. Ils ne cessoient de demander aux Anglais des présens, sans compter les profits usuraires qu'ils faisoient sur la fourniture des provisions, qui étoit, à la vérité, aux frais de l'Empereur.

» Un missionnaire italien, qui prêtoit ses bons offices à l'interprète, ayant eu l'imprudence de tirer sa montre, un des premiers courtisans la lui envoya demander le lendemain, et le pauvre ecclésiastique n'osa pas la refuser. Il reçut en retour un présent de boîtes de thé et d'autres bagatelles, qui ne valoient pas la douzième partie du prix de sa montre. Plusieurs personnes de l'ambassade prirent le parti de cacher les leurs ».

Le gouverneur du palais et l'ambassadeur se témoignèrent réciproquement beaucoup d'égards. Il fut convenu entr'eux, que pour arranger les présens de la manière la plus avantageuse, on placeroit les plus importans de chaque côté du trône, dans une des salles d'audience.

L'extérieur de cette salle est magnifique. Pour y arriver, l'on traverse trois cours carrées. La salle est sur une plate-forme de granit élevée de quatre pieds au-dessus du pavé de la cour. Le toit est supporté par deux rangs de colonnes de bois vernissées. Le chapiteau en est orné de cartouches et de brillans emblêmes. On voit par-tout des dragons à cinq griffes. Les grands de la Chine ont la permission de faire peindre des dragons sur leurs maisons et leurs équipages, mais ils ne doivent avoir que quatre griffes à chaque pied.

Un réseau presque imperceptible de fil d'archal d'or enveloppe l'entablement de la salle, afin d'en écarter les oiseaux. L'intérieur de la salle a plus de cent pieds de long, sur quarante de large, et vingt de hauteur. Il y a entre la salle et le rang intérieur des colonnes, du côté du midi, des panneaux que l'on peut ouvrir ou fermer à volonté.

Le seul ameublement qu'on y remarqua, étoit le trône, quelques grands vases d'antique porcelaine, avec une pendule à serinette, jouant douze vieux airs anglais. Son inscription attestoit qu'elle avoit été faite au commencement du siècle, par Georges Clarke, Leadenhall-Street, à Londres.

Le trône, enfoncé dans une espèce de sanctuaire, n'est ni riche, ni magnifique. On y monte par quelques marches sur le devant et les côtés. On voit au-dessus des caractères chinois, qui annoncent la gloire et la perfection. Des deux côtés sont des trépieds et des cassolettes d'encens. Il y a au-devant une sorte de table ou d'autel, où l'on dépose des offrandes de thé et de fruits, parce que dans l'absence de l'Empereur, on suppose qu'il y est toujours présent en esprit.

Les Anglais y allèrent par hasard dans le tems de la pleine lune, époque d'une grande fête pour les sectateurs de Fo. Un des titres de l'Empereur a le même son que celui par lequel on désigne, en chinois, la divinité. Les hiérogliphes, qui les expriment l'un et l'autre par écrit, sont les mêmes. Cette confusion a
pour

pour origine la vénération presque divine que les Chinois ont pour leur souverain. Aux yeux de la plupart de ses sujets, le reste du monde est de peu d'importance : ils croient que son pouvoir s'étend sur toute la terre. D'après ces idées, il n'est pas surprenant qu'ils lui offrent des sacrifices, et portent leurs hommages jusqu'à l'adoration. Ils nomment *ko-téou*, cette cérémonie. Elle consiste en neuf prosternemens solennels, à chacun desquels le front doit frapper à terre. On imagineroit difficilement un signe d'une soumission plus profonde.

La cour exige les mêmes hommages de la part des étrangers,

parce qu'elle les considère comme des vassaux ou des sujets de l'empire.

Le légat en avoit déjà touché quelque chose à lord Macartney : il exigea dès lors qu'il se soumît devant lui à cet usage, quand il s'approcheroit du trône impérial. Son excellence étoit toute préparée à y répondre : elle avoit reçu du roi, à cet égard, des instructions expresses. L'ambassadeur savoit avec quelle obstination le gouvernement chinois insiste sur l'observation des cérémonies qui soumettent à quelques humiliations les ambassades étrangères. C'est dans cet esprit que l'on avoit eu soin d'écrire, en gros caractères chinois, sur les pavillons des yachts et des chariots de l'ambassade :

Ambassadeur portant tribut du pays d'Angleterre (1).

Comme lord Macartney n'étoit pas censé s'être nécessairement fait expliquer ces caractères, il ne crut pas devoir s'en plaindre formellement, parce qu'un refus pouvoit l'obliger de rester en chemin, et de suspendre tout-à-coup sa mission.

Cependant l'inscription avoit été remarquée; on l'avoit répétée dans les gazettes de la cour : elle ne pouvoit manquer d'être insérée dans les annales de l'empire. La nouvelle

---

(1) Voyez ce que nous avons extrait de Hüttner à ce sujet, au commencement du volume.

pouvoit en venir en Europe par la voie des missionnaires catholiques et des Russes qui résident à Pékin. Il importoit donc que l'ambassadeur usât d'une circonspection rigoureuse, de peur de compromettre la puissance qu'il avoit l'honneur de représenter.

Sous le dernier règne, des considérations de cette nature empêchèrent l'ambassadeur de Russie de se soumettre à l'étiquette, jusqu'à ce qu'il eût été fait une convention en bonne forme, qu'en pareille circonstance les Chinois rendroient les mêmes honneurs aux souverains russes.

Les Hollandais qui, dans le 16e. siècle, consentirent à tout ce qu'on exigea d'eux, dans l'espoir d'obtenir en retour quelques avantages, se plaignirent ensuite d'avoir été traités avec dédain, et d'avoir été renvoyés sans obtenir la moindre faveur.

On assure que quelques missionnaires fixés auprès de la cour, ont montré que la Hollande n'occupoit qu'un point sur la carte, et ont ajouté que sa prépondérance politique étoit en proportion avec son peu d'étendue. Selon toute apparence, on a fait usage du même raisonnement pour rabaisser l'Angleterre. Jusqu'à présent les ministres chinois ont recueilli des renseignemens si inexacts, si incertains, tellement dictés par la partialité, sur la puissance réelle des divers Etats européens, que les différens degrés de répugnance qu'affecteroient les ambassadeurs pour repousser les outrageantes prétentions de la cour, pourroient servir de mesure pour évaluer leur importance relative.

D'un autre côté, telle est aujourd'hui l'extension du commerce européen, les communications entre les différentes parties du globe, sont si nombreuses et si suivies, que le représentant d'une de ces puissances, envoyé dans le pays le plus lointain, ne peut y rien faire que l'on doive regarder comme insignifiant, ou qui échappe à l'observation. La prospérité d'une nation dépend, en grande partie, du caractère qu'elle déploie au dehors, et du rang qu'elle y maintient. Il importoit au cabinet de Londres d'établir avec celui de Pékin des relations diplomatiques, afin de dissiper les préventions qui s'étoient élevées contre les Anglais, surtout à l'occasion de la guerre du Thibet.

Malgré la magnificence avec laquelle on traitoit l'ambassade, il étoit facile de voir quel étoit l'objet de la défiance de tous les gens en place, et particulièrement des chefs tartares. On abhorroit en Chine les principes de la révolution française; l'ambassade venoit de l'Occident: l'Angleterre est trop rapprochée de la France pour que ce voisinage ne dût pas nuire à la première.

Le légat n'ignoroit point ce qui s'étoit passé du tems de l'ambassadeur russe, il se flattoit d'être plus heureux avec l'envoyé anglais; l'humeur traitable de lord Macartney lui faisoit espérer qu'il obtiendroit sa demande sans conditions. Pour donner plus d'effet à ses instances, il employa aussi celles des mandarins les plus intimement liés avec son excellence. Ceux-ci s'acquittèrent de leur commission avec infiniment d'adresse. Ils commencèrent par faire des observations générales sur les coutumes des différentes nations, et dirent que les voyageurs trouvoient de grands avantages à s'y soumettre : puis ils parlèrent du prosternement comme d'une cérémonie ordinaire, qu'il seroit fâcheux de faire avec maladresse; ils ajoutèrent qu'en conséquence, on avoit coutume de s'y essayer d'avance.

Ils ne furent pas peu surpris d'entendre rapporter un fait consacré par l'histoire. Un Européen (1) revêtu du caractère d'ambassadeur auprès d'un puissant monarque de l'Orient (2), ayant consenti à se prosterner devant lui, fut, à son retour, condamné par ses compatriotes (3) à perdre la vie, pour avoir avili la nation qu'il représentoit. On observa, encore, que dans les tems modernes, de plus légères condescendances avoient été sévèrement punies ; que les actions des

---

(1) Timagoras.
(2) Le roi de Perse.
(3) Les Athéniens.

hommes publics étoient considérées moins comme leur étant personnelles, que comme celles des souverains au nom desquels ils étoient envoyés.

Dans cette conjoncture délicate, l'ambassadeur imagina de satisfaire au vœu de l'Empereur, sans néanmoins dégrader son auguste maître. Il ne prétendit point s'affranchir du prosternement; mais il y mit des conditions qui, sans le rendre moins respectueux envers l'Empereur, en écartoient le plus fâcheux inconvénient, c'est-à-dire, empêchoient qu'on ne regardât une telle cérémonie comme un acte d'hommage et de dépendance.

Il proposa qu'un Chinois d'un rang égal au sien, fît devant un tableau où S. M. Britannique étoit représentée en habits de cérémonie, les mêmes prosternemens.

Il falloit, de toute nécessité, que la proposition fût donnée par écrit et fidèlement traduite en chinois, de peur de quelque mal-entendu fortuit ou volontaire. L'interprète, quoique né en Chine, ignoroit le style de la cour; d'ailleurs en s'occupant, à Naples, pendant plusieurs années, des langues latine et italienne, il avoit perdu l'habitude de l'écriture chinoise, dont les caractères compliqués ne s'élèvent pas à moins de 80,000.

Les missionnaires européens employés par la cour, en savent très-bien parler la langue, mais ils n'en pratiquent pas l'écriture. Le légat

qui visoit à obtenir un consentement pur et simple, n'étoit point du tout disposé à recevoir des stipulations écrites. Il n'auroit offert ni accordé volontairement aucun secours pour cela. Après de vives instances, son excellence obtint qu'on permettroit aux missionnaires de lui rendre visite; mais leurs entretiens n'eurent jamais lieu qu'avec une extrême réserve, en présence du légat et du jésuite portugais dont il est question dans les lettres que nous avons citées plus haut. Cet ecclésiastique, outre son orgueil naturel, étoit encore fier d'avoir reçu la décoration du bouton bleu, qui le rendoit supérieur à ses collègues. Il n'étoit
point

point du tout propre à servir d'interprète à un ambassadeur de la Grande-Bretagne. Il n'entendoit ni l'anglais, ni la langue la plus universellement répandue dans l'Europe moderne (1). D'ailleurs il se montroit ennemi des Anglais. Il encouragea sur-tout le légat à empêcher que l'on autorisât l'ambassade à quitter *Houng-Ya-Yuen* (la maison de plaisance) pour se rendre à Pékin, où il seroit plus facile de faire les préparatifs du voyage de Zhé-Hol. Le légat assuroit que, pour cela, il étoit nécessaire d'attendre les ordres de l'Empereur : mais le gouverneur du palais de

---

(1) Sans doute la langue française. (*Note du traducteur.*)

Yuen-Min-Yuen, qui étoit d'un rang supérieur à celui du légat, trancha la difficulté, et l'ambassade fut aussitôt conduite à Pékin.

Elle logea dans un palais construit sur le modèle général de ceux des principaux mandarins. Ce palais a été, dit-on, bâti par un receveur des revenus et des douanes de Canton, avec le produit de ses rapines sur le commerce britannique (1). Mais on l'a confisqué au profit de la

---

(1) Les Anglais ne sont pas les seuls Européens qui fassent le commerce de Canton : ainsi il est probable que des négocians d'autres nations avoient été également mis à contribution. (*Note du traducteur.*)

couronne, parce que cet homme, revêtu d'un autre emploi, s'est permis de faire supporter aux Chinois eux-mêmes le poids de ses exactions.

CHAPITRE XVII.

On se procure un traducteur chinois. — Pièces de campagne offertes à l'Empereur. — Etendue de Pékin. — Cité tartare et cité chinoise. — Fête de l'agriculture. — Temples consacrés au ciel et à la terre. — Propriétés. — Emplois publics. — Police de Pékin. — Causes de la population de la Chine. — Exposition des enfans. — Message gracieux de l'Empereur.

On eut bientôt occasion de rencontrer dans ce palais un des missionnaires de Pékin, lequel, bien disposé à servir l'ambassade, lui procura, pour traducteur, un jeune Chinois chrétien. Mais telle est la terreur qu'ont les habitans du pays, d'encourir l'animadversion du gouvernement, que ce jeune homme ne voulut point que son écriture fût produite. On savoit, à n'en pas douter, qu'un Chinois de Canton avoit été puni de mort pour s'être permis d'écrire une pétition en faveur des Anglais. L'obstacle fut levé par le jeune page de l'ambassadeur : il avoit fait assez de progrès dans la langue chinoise, pour servir quelquefois de truchement, et il copioit les caractères chinois avec une merveilleuse facilité.

M. Hüttner traduisit d'abord le mémoire anglais en latin, pour l'interprète de l'ambassade, qui n'entendoit point l'original ; ensuite cet interprète en expliqua verbalement le contenu dans la langue usuelle de la Chine, et le nouveau traducteur le rendit dans le style des papiers officiels; après quoi le page mit de suite la traduction au net; et pour tranquilliser le traducteur, le modèle fut déchiré en sa présence.

Le mémoire étoit adressé à *Ho-Chaung-Taung*, Colao, premier ministre de l'Empereur. On y rappeloit des sentimens d'estime et de vénération pour la personne du souverain; mais on ajoutoit que l'ambassadeur desiroit éviter le blâme auquel pourroit l'exposer son zèle.

« Ce danger, disoit-on, peut être
» facilement écarté, à la satisfac-
» tion générale des deux parties, si
» sa majesté impériale ordonne que
» l'un des officiers de sa cour, d'un

» rang égal à celui de l'ambassa-
» deur, remplira devant le tableau
» que l'ambassade a en sa posses-
» sion à Pékin, où le roi d'Angle-
» terre est représenté de grandeur
» naturelle, et revêtu de ses habits
» royaux, le même cérémonial au-
» quel se soumettra l'ambassadeur
» devant le trône de sa majesté im-
» périale. »

Ce mémoire, convenablement rédigé, fut remis au légat, qui en approuva le contenu, et promit de le faire parvenir immédiatement à l'Empereur. Les missionnaires, ainsi que les principaux Chinois auxquels on le communiqua, ne doutèrent point qu'on n'acquiesçât à la demande de l'ambassadeur.

Dans cette persuasion, on se mit

en devoir de se rendre à Zhé-Hol. Parmi les présens que l'on se proposoit de conduire en Tartarie, il y avoit six petites pièces de campagne, en bronze, d'un beau jet, d'une forme élégante, et placées sur des affûts très-légers. Son excellence les avoit fait récemment essayer par les artilleurs de sa garde, afin de les préparer à manœuvrer devant sa majesté impériale. Chaque pièce tiroit plusieurs coups par minute.

Le légat ne vit pas avec plaisir la célérité de ces manœuvres militaires exécutées par des étrangers. Il disoit que l'on pourroit en faire tout autant dans les armées impériales. Cet homme qui naguère avoit insisté pour que la totalité des présens fût transférée à Zhé-Hol, exigea tout-à-coup que l'on n'y conduisit pas les pièces de campagne, sous prétexte que l'Empereur seroit bientôt de retour à Pékin. Il y avoit dans les bagages de l'ambassade, plusieurs barils de poudre. Il demanda qu'ils lui fussent livrés. On ne le refusa point, parce que c'étoit une chose de peu d'importance. En un mot, toute la conduite de ce Tartare indiquoit une âme tourmentée de l'inquiétude de voir les Chinois concevoir une plus haute idée de la valeur anglaise que de celle de sa nation.

Quant aux Chinois, ils admiroient sincèrement la plupart des objets que les Anglais avoient apportés avec eux, soit comme présens, soit pour leur usage particulier. On affectoit de les montrer, tant pour satisfaire la curiosité des gens du pays, que pour répandre chez eux le goût des marchandises anglaises. On fait usage, à la Chine, d'ustensiles analogues à presque tous ceux qu'on emploie en Angleterre; mais faites dans le pays, ces choses sont fort inférieures à celles d'Europe.

On recherche beaucoup, à la Chine, la clincaillerie anglaise, et si, par la suite, les vaisseaux de la compagnie des Indes ont un libre accès dans le port de Tien-Sing, les manufactures de Birmingham et de Sheffield éprouveront des demandes bien plus considérables que par le passé.

La ville de Pékin n'est pas aussi

grande, proportion gardée avec le reste de la Chine, que Londres ne l'est par rapport à l'Angleterre. La partie principale de cette ville s'appelle *Cité-Tartare*, parce qu'elle a été reconstruite au 13e. siècle, sous la première dynastie de cette nation. Elle forme un parallélogramme dont les quatre côtés font face aux quatre points cardinaux. Sa superficie est de 14 milles carrés (près de 2 lieues carrées); dans le centre est le palais impérial, qui lui-même couvre un terrein d'au moins un mille carré ($\frac{1}{9}$ d'une lieue carrée). Cette étendue est d'environ un tiers plus considérable que celle de Londres; et cependant, sans parler du vaste territoire qui a été réuni à la Chine, depuis la grande muraille jusque dans le voisinage de la mer Caspienne, ses quinze anciennes provinces sont à la Grande-Bretagne comme 15 est à 1.

L'autre partie, voisine de la *Cité Tartare*, est la *Cité Chinoise*. C'est là que viennent demeurer la plupart des habitans des provinces que leurs affaires conduisent dans la capitale. Ses murailles, presque ruinées, renferment un espace d'environ 9 milles carrés (une lieue carrée). Cependant on y voit très-peu de maisons, encore sont-elles sans élégance et irrégulières; mais elles fourmillent de locataires. Le reste du terrein est en partie cultivé. On y voit le *sien-nong-tan*, ou *éminence des vénérables agriculteurs*. C'est

C'est une société à la tête de laquelle est le monarque lui-même. Tous les ans on célèbre la fête de l'agriculture, et, conformément à un ancien usage, l'Empereur dirige lui-même la charrue, et laboure de ses propres mains une petite pièce de terre. Tandis qu'il rend cet hommage au premier de tous les arts, un groupe de paysans l'accompagne, et chante des hymnes en l'honneur de l'agriculture. Les princes de la cour et les premiers officiers de l'Etat, prennent ensuite la charrue à son exemple, et tracent quelques sillons. Tous sont, ainsi que l'Empereur, vêtus d'une manière analogue à la fête. On recueille soigneusement le produit du champ qu'ils ont cultivé, et l'on ne manque pas d'annoncer qu'il surpasse, en qualité et en quantité, ce qu'a rapporté dans la même année tout autre terrein d'une égale étendue.

C'est aussi dans la Cité Chinoise que l'on a élevé deux temples, l'un nommé *Tien-Tan*, ou *Eminence du Ciel*; l'autre *Ti-Tan*, ou *Temple de la Terre*. Le premier est de forme circulaire, par allusion à la voûte des cieux ; le simple caractère *tien*, ou *ciel*, est tracé sur la principale façade. Le temple de la *Terre* est carré, parce que telle est la figure que les anciens Chinois donnoient à la terre.

Dans le solstice d'été, par les plus brûlantes chaleurs, l'Empereur se rend, en grande cérémonie, sur le *Tien-Tan*, comme pour rendre hommage au pouvoir de l'astre qui éclaire le monde, et le remercier de sa bienfaisante influence. On accomplit, au solstice d'hiver, dans le temple de la Terre, des cérémonies à-peu-près semblables. On ne voit ni dans l'un ni dans l'autre, aucune image personnifiée.

L'adoration du ciel et de la terre n'est pratiquée que par l'Empereur lui seul. C'est pour sa commodité qu'elle se fait à Pékin. Il préside également à d'autres cérémonies imaginées pour le double intérêt de la politique et de la religion. Il n'y a guère d'autres spectacles publics dans la ville : on peut assez justement les comparer aux *fonzioni*, ou cérémonies religieuses du pontife de Rome.

Pékin est le siége du gouvernement, mais il n'a point de port ni de manufactures. Ce n'est point le rendez-vous du commerce : il ne s'y rassemble point de ces diètes représentatives formées d'un grand nombre de délégués, auxquels certaines nations d'Europe confient le droit d'aider, d'examiner ou d'entraver les mesures de l'administration. Ce n'est point non plus un lieu consacré au plaisir ou à la dissipation.

Les grandes villes européennes doivent en général leur opulence, leur grandeur et leur population à l'affluence de ces êtres privilégiés qui, grâce à l'économie de leurs pères, ou à la faveur du prince, possèdent d'immenses richesses, sans que leur acquisition leur ait coûté le moindre travail, et qui cherchent dans la fréquentation du grand monde, la manière la plus agréable de jouir de leur fortune. Ces hommes absorbent la plus grande partie du revenu net de leur pays. Délivrés de l'embarras de se procurer leur subsistance, étrangers à l'avarice, à l'ambition, aux soucis de la vie ; n'étant jamais distraits par les risques inséparables de toute espèce de spéculation ou d'entreprise, ils composent la portion la plus aimable et la plus éclairée de la société. C'est à leur loisir que l'on doit beaucoup de perfectionnemens ou d'inventions utiles dans les sciences. C'est parmi eux que l'on trouve ces sentimens purs et élevés, ces mœurs affables et polies qui caractérisent les honnêtes gens. Mais, excepté ce qui concerne les sciences et les beaux-arts, ils rendent peu de service aux autres membres de la société, sur l'industrie desquels se fonde leur subsistance. Les hommes de cette classe, qui comprend les riches et les oisifs d'entre la noblesse, ou même d'un rang inférieur, sont très-nombreux dans toutes les contrées de l'Europe. Leurs familles, leurs domestiques, les artistes, les ouvriers occupés à satisfaire leurs innombrables besoins, ou à délasser leur esprit, contribuent beaucoup à l'accroissement des grandes villes. Mais ce n'est point à des causes de cette nature que Pékin doit son étendue et sa population. La plupart y remplissent des fonctions régulières, ou bien sont attachés au service des personnes qui les occupent constamment. Si l'on en excepte quelques parens de l'Empereur, on n'y voit guère de ces gens qui n'ont point d'autre affaire que de courir à la poursuite du plaisir, et de perdre un tems précieux.

A la Chine, il y a moins d'inégalité dans les fortunes que dans les conditions des sujets. Les antiques annales de l'empire attestent que pendant long-tems, il en étoit de de la terre comme des autres élémens ; les habitans la possédoient en commun. Le pays étoit divisé en petits districts d'une égale étendue. Chaque district étoit cultivé en commun par un village de huit familles qui se partageoient le produit de leur travail, hors une petite portion que l'on réservoit pour les dépenses publiques. Ce ne fut qu'à la suite d'une révolution que retracent avec douleur tous les historiens chinois antérieurs à l'ère chrétienne, qu'un usurpateur ayant soumis ce pays fortuné à sa puissance, partagea toutes les terres aux compagnons et aux instrumens de ses victoires, en n'accordant aux cultivateurs qu'une foible portion du revenu.

Depuis cette époque, la propriété des terres devint héréditaire ; mais par la suite ces domaines, immenses dans l'origine, ont été subdivisés à l'infini par les partages successifs que firent les enfans après la mort des pères. Jamais les filles ne reçoivent de dot. Il est extrêmement rare qu'il n'y ait dans une famille qu'un seul fils pour recueillir l'héritage de ses parens, et plus rare encore qu'il se trouve des successions en ligne collatérale.

Les mœurs du pays, non moins puissantes que la nature, engagent les hommes à se marier de bonne heure. C'est une sorte de honte que de n'avoir pas d'enfans. Les hommes qui en sont privés adoptent ceux des autres, et dès-lors ils ont sur eux un droit exclusif. Si l'on épouse une femme stérile, on a droit d'en prendre une autre du vivant de la première. Les gens riches ont, ainsi que presque tous les Orientaux, la faculté d'entretenir des concubines. Les enfans de ces femmes sont traités comme ceux de l'épouse légitime, pour laquelle on leur inspire, dès l'âge le plus tendre, des sentimens profonds d'affection et de respect. Ils jouissent de tous les avantages des enfans légitimes.

Ces causes réunies tendent à niveler les fortunes. Bien peu de personnes amassent assez de richesses pour qu'à la longue elles ne soient pas divisées et réduites à rien. D'ailleurs la fortune donne peu d'importance à la Chine, et n'attribue aucun pouvoir. Lorsqu'on n'exerce point d'emplois publics, la propriété n'est pas parfaitement sûre. Il n'y a point de ces dignités héréditaires qui, en Europe, donnent de la considération et de la prépondérance.

L'autorité déléguée par le gouvernement est plus oppressive pour le riche sans protection, que pour le pauvre qui n'offre aucun attrait à la cupidité.

Les Chinois observent que chez eux les fortunes se conservent rarement dans la même famille jusqu'à la troisième génération, soit qu'elles se trouvent partagées entre plusieurs héritiers, soit qu'on les perde dans des spéculations de commerce, au jeu ou en folles dépenses, soit qu'elles deviennent la proie d'avides oppresseurs. On ne peut parvenir aux grandeurs que par des études longues et pénibles.

Il n'y a proprement dans ce pays que trois classes de sujets : les lettrés, parmi lesquels on choisit les mandarins ; les agriculteurs, et enfin les artisans, avec lesquels les marchands sont confondus. Ce n'est qu'à Pékin seulement que l'on confère les derniers degrés en littérature à ceux qui ont victorieusement soutenu l'épreuve d'un examen public. Les candidats sont ceux qui, préalablement, ont été examinés dans la capitale de chaque province. Ceux-là seulement sont admis à concourir dans les chefs-lieux, qui ont été élus dans les cités du second ordre, ou villes principales de chaque district.

On

On décerne les emplois publics aux individus de chacune de ces classes, suivant l'importance du poste qui se trouve vacant. Les fonctions militaires sont également données à ceux qui l'ont emporté sur leurs concurrens dans les sciences et dans les exercices militaires.

Les grands tribunaux siègent tous dans le voisinage de la porte méridionale du palais. On leur rend un compte exact de tout ce qui se passe dans l'empire. Les affaires importantes (1) sont rapportées par ces tribunaux aux conseils particu-

---

(1) Il y a dans l'anglais *momentous*; un autre traducteur s'est avisé de rendre ce mot par *affaires du moment*. (*Note du traducteur.*)

liers de l'Empereur, avec leur avis motivé. On a composé un code de doctrine de tous les ouvrages écrits dès les premiers siècles de l'empire. Ce code a été successivement confirmé par les législateurs et les souverains, et transmis d'âge en âge avec une vénération toujours croissante. Il sert de base aux décisions des tribunaux, et il est conforme à tous les principes de justice universelle et d'humanité.

L'Empereur se conforme d'ordinaire aux jugemens de ces tribunaux. Il y a un tribunal chargé d'examiner les talens et les qualités que les mandarins montrent dans leurs emplois, et de proposer la destitution de ceux qui manquent de capacité ou d'intégrité.

Un autre a pour objet la conservation des mœurs et de la morale. Les Européens l'appellent *tribunal des cérémonies*, parce qu'il règle les formalités. Les Chinois sont convaincus que le cérémonial extérieur affermit les bases de la morale.

Le plus rigide et le plus austère des tribunaux, est celui des censeurs. Il surveille l'exécution des lois, ainsi que la conduite des autres tribunaux, des princes, des grands officiers de l'Etat, et du souverain lui-même. Il y a ensuite des tribunaux inférieurs, tels que ceux des mathématiques, de médecine, des travaux publics, de littérature et d'histoire. L'ensemble de ces institutions se rattache à un système régulier, dont l'origine est immémoriale, et qui a été conservé, avec très-peu d'altération, par les différentes dynasties. Si les passions de quelques princes ont forcé d'y déroger, après leur règne, les choses ont repris leur cours. Le seul changement qu'y ait fait la famille régnante, c'est d'avoir composé chaque tribunal d'un pareil nombre de Tartares et de Chinois. On dit que l'opinion des premiers l'emporte toujours sur celle des autres.

Dans le dernier siècle, le jésuite Grimaldi, que cite Gemelli Carreri, évaluoit à 16 millions d'âmes la population de Pékin. Un autre missionnaire a de beaucoup réduit cette estimation. Il a évalué à 1,250,000 les habitans de la *Cité Tartare*.

L'ambassade s'est assurée, d'après les renseignemens qu'elle a pris, que la ville entière contient à-peu-près 3 millions d'âmes.

On croiroit d'abord que les maisons basses de Pékin ne peuvent contenir tant de monde : mais une famille chinoise de la moyenne ou de la dernière classe n'a pas besoin d'un si vaste emplacement. On n'a jamais d'appartement inutile. Une maison chinoise est ordinairement entourée d'un mur de six ou sept pieds. Il n'est pas rare de voir réunie dans cette enceinte une famille de trois générations, avec toutes les femmes et tous les enfans. Chaque branche de la famille se contente d'une petite chambre : des nattes suspendues au plafond, séparent les différens lits. On mange dans une salle commune.

Cette coutume de réunir toute la parenté sous le même toit, a les effets les plus importans. L'autorité et l'exemple des vieillards contiennent l'effervescence ou l'irréflexion de la jeunesse ; tous ensemble vivent, comme les soldats en chambrée, avec beaucoup plus d'économie. Malgré cela, les pauvres artisans ne peuvent se nourrir que de végétaux ; ils se procurent rarement de la viande, et c'est en petite quantité. Dans tous les pays, le peuple n'exige pour son travail qu'un salaire proportionné au prix des denrées.

Cette immense population ne nuit point à la salubrité de la ville.

Les Chinois aiment beaucoup à vivre en plein air ; ils s'habillent plus ou moins, suivant la température. L'atmosphère de Pékin n'est point humide, et n'engendre aucune maladie putride ; les accès qui produisent ces sortes d'indispositions, y sont fort rares.

On maintient parmi les habitans l'ordre le plus sévère ; il ne se commet presque point de crimes. Il y a une institution assez analogue à celle des anciens dizainiers en Angleterre. Chaque dixième marchand répond de la conduite de neuf familles voisines, dans les choses qu'il lui est possible de surveiller. La police s'observe, en dedans des murailles, avec une exactitude scrupuleuse. Il y règne autant d'ordre et de sûreté, mais autant de contrainte que dans un camp. Ce n'est que dans les faubourgs que l'on tolère les courtisanes. Elles sont enregistrées, et en petit nombre, c'est-à-dire en raison du peu de célibataires et de maris absens de leurs familles, qui séjournent dans la capitale.

Déjà nous avons observé que les Chinois riches se marient de bonne heure. Le mariage est, chez les pauvres, une mesure de précaution, parce que les enfans, et sur-tout les mâles, sont obligés d'avoir soin de leurs parens ; c'est même un devoir religieux ; aussi les jeunes Chinois se marient dès qu'ils ont le moindre espoir qu'il pourront nourrir des enfans. Mais cette espérance ne se réalise pas toujours; quelquefois ils abandonnent les êtres misérables auxquels ils ont donné la vie. Une nécessité cruelle et impérieuse provoqua sans doute une telle atrocité, la première fois qu'elle fut commise. Ensuite la superstition est venue à l'appui. Elle a fait envisager cet acte de barbarie comme un sacrifice au génie de la rivière voisine. On jette le malheureux enfant dans cette rivière, avec une calebasse au cou, afin qu'il ne se noie pas sur-le-champ.

Les philosophes chinois qui ont mis tant d'art à inculquer dans le cœur de ce peuple les préceptes de la piété filiale, ont trop abandonné la puissance des pères à son influence naturelle. Il est beaucoup plus rare de voir un Chinois maltraiter son père, que de le voir exposer son enfant. Les pères ont un pouvoir absolu sur ceux à qui ils ont donné la vie. L'habitude, au contraire, semble leur avoir enseigné que la vie ne devient véritablement précieuse, que lorsqu'il s'est écoulé assez de tems pour que l'âme et les sentimens aient pu se développer : ils font sans scrupule, mais non sans répugnance, le sacrifice d'un être qui n'est encore qu'à l'aurore de ses jours.

Ce sont, le plus souvent, les filles qui servent de victimes : on regarde leur perte comme un moindre mal. Les filles sont censées appartenir à la famille dans laquelle on les marie, tandis que les fils continuent à vivre dans les leurs, et deviennent le soutien et la consolation des auteurs de leurs jours.

On expose les enfans immédiatement après leur naissance, avant que leurs traits se soient assez formés pour captiver la tendresse paternelle. Cependant on conserve une lueur d'espoir que ces enfans pourront être dérobés à un trépas prématuré, par les personnes que le gouvernement charge de recueillir ces innocentes victimes, afin d'élever celles qui respirent encore, et d'enterrer celles qui ont cessé de vivre.

Les missionnaires partagent avec zèle des soins aussi pieux. Ils se hâtent d'administrer le baptême à ceux qui conservent le moindre signe de vie, afin, disent-ils, d'assurer le salut de leur âme. Un de ces ecclésiastiques avoue que l'on expose chaque année, à Pékin, environ deux mille enfans, dont il en périt un grand nombre. Tous ceux que peuvent sauver les missionnaires, ils les élèvent dans les principes du christianisme, et les emploient à leur tour comme des instrumens, pour convertir leurs compatriotes.

Ce sont ordinairement les pauvres qui se convertissent; peut-être leur dévotion n'est-elle pas sincère; peut-être provient-elle du desir de participer aux charités que les missionnaires répandent. Au reste, les indigens doivent être, plus que tous autres, touchés du zèle désintéressé d'étrangers qui accourent pour les sauver de l'extrémité de la terre. C'est, en effet, un singulier spectacle, que celui d'hommes abjurant pour jamais leur patrie, renonçant à leur famille, se dévouant, pour le reste de leurs jours, à la tâche pénible de changer la croyance d'un peuple qui leur étoit inconnu. Dans cette carrière, ils s'exposent d'abord à une foule de dangers, de persécutions et de désagrémens; mais à force d'adresse, de talent, de persévérance, d'humilité, d'application à des études, à des arts qui, jusque-là, leur étoient étrangers, ils parviennent à se faire connoître; et à mériter une honorable protection. Ils triomphent du malheur d'être étrangers dans une contrée où la plupart de ces derniers sont proscrits, où l'on vous fait un crime d'avoir abandonné la tombe de vos pères. Enfin ils obtiennent le droit de fonder des établissemens nécessaires à la propagation de la foi, sans se ménager pour eux-mêmes aucun avantage.

Les missionnaires des différentes nations ont été autorisés à bâtir, dans Pékin, quatre monastères et des églises qui en dépendent. Ils possèdent des terres dans le voisinage de la ville. On assure que les Jésuites ont été propriétaires, dans l'enceinte de la ville et dans les faubourgs, de plusieurs maisons dont le revenu étoit consacré à favoriser leur entreprise.

L'ambassadeur reçut la visite de

presque tous les missionnaires de Pékin. Un d'eux, Portugais de naissance, d'un caractère doux et conciliant, avoit été nommé, par l'Empereur, *chef des Européens du tribunal des mathématiques*. A la recommandation de la reine de Portugal, le pape l'avoit investi du titre d'*évêque de Pékin*.

Les principales puissances de la communion catholique fournissent annuellement de petites sommes pour l'entretien des missionnaires; et ceux-ci, par reconnoissance autant que par esprit national, servent en quelque sorte d'agens respectifs pour leur pays, et en soutiennent au besoin les intérêts. Ces missionnaires ont été jadis divisés d'opinion sur plusieurs points de doctrine : il existe encore quelque rivalité entre ceux des différentes nations; mais en général, ils sont réunis par un intérêt commun, et par une conformité de mœurs toutes différentes de celles des Chinois. Dans ces régions lointaines, tout Européen est salué comme un compatriote par un Européen d'une autre nation ; il a droit à son attention et à ses bons offices.

Un des plus vénérables d'entre ces missionnaires, célèbre dans le monde littéraire par les remarques curieuses qu'il a publiées sur la Chine, où il a passé presque toute sa vie (1), étoit accablé de tant

---

(1) Le savant Amyot, coopérateur des mémoires des missionnaires de Pékin.

d'infirmités, qu'il ne lui fut pas possible de se rendre chez l'ambassadeur. Il lui écrivit, et lui fit part de ses vœux ardens pour le succès de son entreprise. Il lui offrit tous les secours de ses observations et de son expérience. Il lui fit un tableau de la cour qu'il alloit visiter ; il l'engagea à espérer qu'à force de persévérance, on lui accorderoit tout ce qu'il demanderoit. Mais en même tems il l'avertit des difficultés, des retards que son excellence devroit éprouver auprès d'une cour qui se comporte avec tant de circonspection et de minutieuses formalités.

Lord Macartney recevoit aussi chaque jour, chez lui, des mandarins des premières classes. Les uns lui rendoient visite par le devoir de leur place, d'autres par curiosité; plusieurs étoient attirés par le desir d'assister au concert qui se donnoit tous les soirs dans les appartemens de son excellence. Un de ceux qui se montroient les plus assidus, étoit le premier directeur de l'orchestre de la cour. La vue de quelques instrumens lui fut si agréable, qu'il en demanda des dessins. Il ne voulut point les accepter à titre de présent; il envoya des peintres qui étendirent d'abord sur le plancher, de grandes feuilles de papier; puis ils y placèrent les clarinettes, les flûtes, les bassons, les cors; ils en suivirent les contours avec leurs pinceaux, et prirent la mesure exacte de toutes les ouvertures, en notant les moindres particularités.

Quand cette espèce de *calque* fut achevé, ils écrivirent leurs remarques au bas de leurs dessins, et remirent le tout au directeur. Celui-ci dit qu'il projetoit de faire fabriquer des instrumens semblables par des ouvriers chinois, et de leur donner des proportions d'après son idée.

Le violon européen étoit entre les mains d'un fort petit nombre de Chinois; ils avoient en place un instrument de la même forme, mais à deux cordes seulement. Quelques Chinois connoissoient la méthode de noter la musique sur du papier rayé.

Beaucoup de personnes allèrent

au palais de *Yuen-Min-Yuen*, afin de voir les présens qu'on y avoit déposés pour l'Empereur. Au nombre des spectateurs, étoient trois petits-fils de l'Empereur, qui ne dissimulèrent point leur admiration. Quelques-uns des mandarins y mirent au contraire plus de réserve; ils affectèrent de considérer ces objets tout nouveaux, comme des ouvrages d'un mérite ordinaire. Au surplus, tous les yeux se fixoient sur les vases qui étoient au nombre des plus précieuses productions de M. Wedgewood (1). Tous les

---

(1) Célèbre fabricant de porcelaine en Angleterre. Il est mort depuis quelques années. Il a donné son nom à un pyro-

Chinois sont connoisseurs en porcelaine. Ils louèrent unanimement ces superbes échantillons de l'industrie européenne.

Il y avoit parmi les présens, un porte-feuille de portraits de la noblesse britannique. Un mandarin se chargea d'inscrire sur les marges, en caractères chinois, le nom et le rang des personnages qui s'y trouvoient représentés.

Quand ce mandarin fut à l'estampe qui représentoit un duc anglais, d'après le portrait peint par sir Josué Reynolds, lorsque ce duc étoit

---

mètre fort ingénieux, par lequel, au moyen du retrait de l'argile, on mesure l'intensité des feux de fourneaux. (*Note du traducteur.*)

encore enfant, on lui dit que l'original étoit *ta-zhin*, c'est-à-dire, un personnage du rang le plus élevé. Le mandarin concevoit si peu la possibilité qu'un droit héréditaire accordât à un foible enfant une distinction semblable, qu'il en témoigna sa surprise ; puis, mettant de côté le pinceau avec lequel les Chinois ont coutume d'écrire, il s'écria qu'il ne mettroit point une pareille inscription à cette estampe, parce que l'Empereur savoit très-bien distinguer un homme d'un haut rang, d'un enfant.

Les Anglais eurent souvent occasion d'aller voir le palais impérial, situé hors de la ville : et comme ils retournoient à chaque fois par un chemin différent, ils virent, par ce moyen, la plus grande partie de la capitale. Son excellence se promena aussi dans un carrosse anglais attelé de quatre chevaux tartares d'une belle taille. Des gardes de l'ambassade, qui, en Angleterre, avoient d'abord exercé le métier de postillon, les conduisoient. Ce spectacle étoit absolument neuf pour les Chinois, accoutumés à leurs voitures basses, grossières, à deux roues, non suspendues, et ne valant guère mieux que les détestables charrettes d'Europe.

Ils admirèrent aussi le superbe carrosse qui devoit être offert à l'Empereur ; mais il fallut en faire déplacer le siége ; les mandarins, apprenant que ce siége élevé étoit pour le cocher, témoignèrent la plus grande surprise de ce qu'on proposoit de faire asseoir un homme au-dessus du monarque, tant ce peuple est difficile sur tout ce qui a rapport à la personne de son auguste maîttre.

La veille du départ de l'ambassade pour Zhé-Hol, un mandarin du premier ordre se présenta chez lord Macartney, avec un message très-flatteur de la part de sa majesté impériale. Ce prince demandoit des nouvelles de la santé de l'ambassadeur, qu'il savoit avoir été un peu altérée. Il lui recommandoit de faire, comme il le faisoit lui-même, le voyage de la Tartarie à petites journées. Il ajoutoit que l'ambassade seroit logée, en route, dans des palais destinés à servir aussi de stations à sa majesté impériale.

On se mit en route pour la Tartarie, avant que l'on eût achevé de monter le planétaire. Le docteur Dinwiddie resta pour surveiller cet ouvrage délicat. D'autres motifs, et notamment des raisons de santé, retinrent plusieurs Anglais à Pékin et à Yuen-Min-Yuen. De ce nombre étoit un des jardiniers-botanistes. Voici une liste des plantes que cet homme recommandable recueillit dans la province de Pé-Ché-Lée.

Corispermum hyssopifolium. Corisperme à feuilles d'hyssope.
Blitum. Blète.

Cyperus odoratus. Souchet odorant.

—*Iria.* Souchets à épillets alternes.

Scirpus. Scirpe (1).

Panicum ciliare. Panis, ou millet cilié.

---

(1) On a omis quelques-unes des épithètes spécifiques ; de sorte qu'il est incertain si l'on a voulu parler de l'espèce vulgaire, ou d'une variété particulière à la Chine. J'observerai d'ailleurs que quelques-unes de ces dénominations sont conformes à la *Flore britannique*, et ne s'accordent pas avec celles de Linné ou des auteurs français. Il est fâcheux pour les progrès des sciences, que chaque naturaliste se crée une langue et des classifications particulières, inintelligibles pour ceux qui ne sont pas au courant de son système. (*Note du traducteur.*)

Panicum Crus corvi. Panis pied-de-corbeau.

—*Glaucum.* Panis glauque.

Poa. Paturin.

Bryza ereagrostis. Amourette.

Cynosurus Indicus. Cretelle, ou cynosure des Indes.

Arundo phragmites. Roseau à balais.

Lolium. Ivraie.

Rubia cordata, ou *Cordiformia.* Garance à feuilles cordiformes.

Cuscuta. Cuscute.

Solanum melongena. Aubergine.

—Autre espèce.

Lycium Chinense. Jasminoïde, ou Lycier des Indes.

Rhamnus. Nerprun.

Evonymus. Fusain.

Nerium oleander. Laurier-rose.

Asclepias Siberica. Asclépias de Sibérie.

Cynanchum. Cynanque.

Chenopodium aristatum. Patte-d'oie, ou Chénopode aristé.

— *Scoparia.* Patte-d'oie, ou Chénopode à balais.

— *Viride.* Patte-d'oie verte.

— *Glaucum.* Platte-d'oie glauque.

Salsola altissima. Soude très-élevée.

— Autre espèce.

Tamarix. Tamaris.

Statice limonium. Gazon-d'Olympe.

Asparagus. Asperge.

Hemerocallis Japonica. Hémérocalle du Japon.

Polygonum aviculare. Renouée, ou Traînasse.

— *Lapathifolium.* Patience, ou Renouée à feuille d'oseille.

Polygonum tinctorium. Renouée des teinturiers.

— *Persicaria.* Persicaire.

Sophora Japonica. Sophore du Japon.

Tribulus terrestris. Herse.

Arenaria rubra. Sabline rouge.

Euphorbia cyparissias. Euphorbe à feuilles de cyprès.

— *Esula.* Euphorbe ésule.

— *Tithymaloïdes.* Euphorbe tithymale.

Potentilla. Potentille.

Nymphœa nelumbo. Nénuphar nélumbo.

Leonurus Sibericus. Agripaume de Sibérie.

Anthirrinum. Mufflier.

Incarvillea.

Sesamum orientale. Sésame oriental.

Vitex negundo. Gattilier découpé.

Lepidium latifolium. Passerage.

Sisymbrium amphibium.

Cleome. Mozambé.

Erodium, ou *Geranium ciconium.* Géranium à bec de grue.

Sida.

Hibiscus trionum. Ketmie à trois feuilles.

Dolichos hirsutus. Dolichos velu.

Hedysarum striatum. Sainfoin strié.

— Autre espèce.

Astragalus. Astragale.

— Deux autres espèces.

Trifolium melilotus. Mélilot.

Sonchus oleraceus. Laitron vulgaire.

Prenanthes.

Bidens pilosa. Chanvrin, *ou* Bidens velu.

— Autre espèce.

Artemisia capillaris. Armoise capillaire.

— *Integrifolia.* Armoise à feuilles entière.

Aster.

— Autre espèce.

Inula Japonica. Aulnée du Japon.

Chrysanthemum. Marguerite, *ou* Chrysène.

Eclipta erecta. Eclipte à tige droite.
— *Prostrata* à tige couchée.
Impatiens balsamina. Balsamine.
Typha latifolia. Massette, *ou* Masse d'eau à larges feuilles.

Xantium strumarium. Lambourde.
Amaranthus caudatus. Amaranthe à queue.

Acalypha.
Ipercalia platanifolia.
Cucurbita citrullus. Pastèque.
Salix. Saule.
Cannabis sativa. Chanvre.
Juniperus Barbadensis. Genévrier des Barbades.

Andropogon ischæmum. Barbon digitté.
— Autre espèce.
Holcus. Houque.

Cenchrus racemosus. Racle linéaire.

Rottboella. Rottboelle.

Attriplex. Arroche.

Ailanthus glandulosus. Arbre du ciel.

Equisetum. Prêle, ou Queue de cheval.

Matricaria. Matricaire.

Prunus armeniaca. Abricotier.

Avena. Avoine.

Lonicera caprifolium. Chèvre-feuille.

Sempervivum tectorum. Jombarbe.

Malva. Mauve (plusieurs espèces.)

Melissa. Mélisse

Apium. Ache.

Corylus avellana. Noisetier-aveline.

Thlaspi.

Brassica. Choux ou navet.
Pinus. Pin.
Fraxinus. Frêne.
Morus. Mûrier.

CHAPITRE XVIII.

Route au-delà de Pékin. — Culture des terres. — Usage de la persicaire. — Les Chinois tirent parti de tous les végétaux. — Cours des rivières. — Bêtes de somme. — Stations impériales. — Minéraux du pays. — Tartares. — Vue de la grande muraille. — Postes militaires. — Invention de la poudre à canon. — Etat du gouvernement chinois, lors de la construction de la grande muraille.

L'AMBASSADE partit de Pékin le 2 septembre 1793. Elle étoit suivie du même nombre de Chinois qui jusqu'alors l'avoit accompagnée.

La plaine où est situé Pékin s'étend fort loin au Nord et à l'Est. Sur la gauche (à l'Ouest), les montagnes sont peu éloignées, mais sur la droite, le terrein se prolonge dans un niveau parfait, jusqu'au golfe de Pé-Ché-Lée. Des rangs de saules à écorce inégale (1), d'une grosseur énorme, ombragent le chemin qui traverse la plaine. Cet arbre semble le plus convenable à la nature du sol.

L'ambassadeur fit cette partie de la route dans sa voiture européenne. C'étoit la première fois qu'une berline anglaise rouloit sur le chemin de Tartarie. Son excellence prit de tems en tems plusieurs mandarins

___

(1) *Salix fragilis.* Saule cassant.

avec

avec elle. D'abord ils furent alarmés de voir la voiture suspendue si haut, et sur-tout de son agitation : ils craignoient qu'elle ne se renversât. Mais quand ils furent convaincus qu'elle étoit fort solide, ils parurent enchantés de sa commodité et de sa légèreté. Ils admiroient l'élasticité des ressorts, les procédés ingénieux pour lever et baisser les glaces et les stores, ainsi que pour donner plus ou moins de jour par le moyen des jalousies.

Les terres qui bordent le grand chemin de ce côté, sont, comme de l'autre, grasses, argileuses et susceptibles de différens produits. Un champ fixa particulièrement l'attention des Anglais. Il étoit couvert de *persicaire* (1), et à la hauteur uniforme des tiges, ils jugèrent qu'elle avoit été plantée. Ils apprirent bientôt qu'en macérant et en préparant les feuilles de cette plante de la même manière que celle de l'indigo, l'on en tiroit une couleur bleue, semblable, ou du moins très-analogue à l'indigo. Il seroit à desirer que dans les climats qui, comme celui de Pékin, ne conviennent point à la culture de l'indigo, l'on fît des essais pour savoir jusqu'à quel point la persicaire de la Chine pourroit y suppléer. On cita en même tems aux Anglais une petite espèce de *colutea* (baguenaudier), dont les bourgeons et les

---

(1) *Polygonum orientale.*

feuilles encore tendres fournissent une couleur verte.

Il n'est, à la Chine, aucun végétal dont on ne sache tirer un parti quelconque. Les habitans sont parvenus à tirer de leur propre sol une multitude d'articles qu'ils eussent été obligés de faire venir à grands frais du dehors.

Par exemple, il emploient, au lieu de poivre, une espèce de fagara (1). Dépourvus d'oliviers, ils font une excellente huile avec des amandes d'abricot. Ils fabriquent des huiles d'une qualité inférieure avec des graines de sésame, de chanvre, de

---

(1) Sans doute le *fagara piperita*, fagara poivrier du Japon. (*Note du traducteur.*)

cotonnier, de navet, d'une espèce de menthe et d'autres végétaux. Il n'y croit pas une herbe inutile. On fait de la toile avec les fibres de l'ortie morte, du papier avec l'écorce de différens végétaux, les fibres du chanvre et la paille du riz. On mange, en place de concombres, une espèce de *momordica*. On assaisonne le riz avec une sorte de chardon. Quelquefois on mêle dans les salades des tiges de *boursette* (1). Ils tirent leur plus beau rouge du *carthame*, et font rarement usage de cinnabre. Ils teignent en noir avec les calices des glands, et nourrissent leurs vers-à-soie avec des

---

(1) *Thlaspi*, *bursa pastoris*.

feuilles de frêne, concurremment avec celles de mûrier.

Des peupliers sont plantés autour des cimetières. On voit, çà et là, quelques frênes et quelques mûriers. Les bords des ruisseaux et des rivières sont embellis par les branches et les feuilles pendantes du saule pleureur. Les Anglais en virent un qui, mesuré à la hauteur d'un homme, avoit quinze pieds de pourtour.

Dès la première matinée de leur marche, les Anglais traversèrent une rivière étroite, mais assez profonde pour de petits bateaux; elle en étoit presque couverte. Toutes les rivières de ce pays ont leur cours au Sud et à l'Est. Les bateaux qui y naviguent apportent des marchandises des frontières de la Tartarie.

D'autres marchandises sont transportées par des dromadaires (1) qui sont plus gros, plus forts et d'une marche plus rapide que les chameaux ordinaires: Ils ont aussi plus de poils, et, par conséquent, triomphent plus aisément des climats froids. On les charge souvent de pelleteries, la plus riche des productions tartares. Mais on leur fait

---

(1) Sorte de chameau qui n'a qu'une seule bosse. Cependant une foule d'écrivains et de *traducteurs* appellent dromadaires les chameaux à deux bosses, et chameaux simplement, ceux qui n'en ont qu'une. C'est une erreur grave. (*Note du traducteur.*)

aussi porter d'autres objets, et surtout du charbon, seul combustible dont on se serve à Pékin. Les Anglais virent dans les plaines, des moutons dont la queue courte, mais très-grosse, pèse plusieurs livres, et est fort recherchée par les gourmands de la Chine.

A 20 milles (7 lieues) de Pékin, le pays commence à s'élever. Plus on s'avance vers la Tartarie, plus le sol devient élevé et sablonneux. Les voyageurs s'arrêtèrent quelques milles plus loin, dans un de ces palais bâtis pour la commodité de l'Empereur. Celui-ci étoit sur un terrein inégal, au pied d'une jolie colline, laquelle, ainsi qu'une partie de la plaine, étoit close et divisée en parcs et en jardins d'agrémens. Il s'y trouvoit des bosquets touffus; mais ils ne cachoient point un ruisseau au-delà duquel étoient des éminences, les unes richement boisées, les autres nues. Tous ces objets sembloient être l'ouvrage de la nature, et avoir été rassemblés par un hasard heureux. Le jardinier chinois est le fidèle imitateur de la nature. Il n'est guidé dans ses inventions par aucune règle scientifique.

Les montagnes se rapprochent au-delà du palais, et forment un passage d'un mille environ de largeur. Là, se trouvent des sources d'eaux minérales, qu'on appelle les *bains de l'empereur*, soit parce qu'il les a fait arranger à ses dépens, soit parce que quelque membre de la famille impériale en a fait usage, soit enfin parce que tout ce qui n'est point une propriété particulière est censé dans le domaine du prince.

Ce passage conduit à une vaste plaine où sont plusieurs villages, deux villes du second ordre, entourées de murailles et un autre palais impérial. On voit dans les jardins de ce palais quelques traces d'une substance crayeuse.

Quoique les voyageurs eussent dans le cours de leur expédition visité plusieurs îles d'Afrique, une petite partie du continent d'Amérique, quelques îles de la mer du Sud et des contrées de l'Asie, ils n'avoient point encore rencontré ce qui est si commun dans cette province, un terrein purement calcaire. Ils n'avoient point vu non plus de ces cailloux qui ont la forme de racines d'arbres, et qui sont en général disposés sur une ligne horisontale, dans des couches crayeuses.

La plupart des montagnes que les anglais aperçurent le second jour, avoient quelque chose de bizarre dans leur forme et dans leur position. Toutes étoient assises sur une base particulière, et s'élevaient simplement du sein de la plaine où elles étoient confusément parsemées. Elles affectoient en général des surfaces unies; mais elles étoient séparées par des angles arrondis que la dent du tems avoit rongées, et qui ressembloient à d'énormes cristallisations.

On ensemence avec du tabac les terres les moins élevées de cette province. Les chinois le fument dans des tuyaux de bambou. L'habitude de fumer est peut-être plus générale parmi eux que dans tout autre pays ; elle s'étend aux personnes des deux sexes, et même aux enfans. Des filles de dix ans et au-dessous venaient au-devant du cortége avec une longue pipe à la bouche.

Les européens supposent que le tabac a été porté de l'Amérique dans toutes les parties de l'ancien continent. Cependant aucune tradition n'atteste à la Chine une importation semblable. Il en est de même de l'Inde, où l'on cultive et où l'on consomme également beaucoup de tabac. Dans ces deux pays, on n'adopte pas avec précipitation les usages étrangers. Il est possible que le tabac aussi bien que le *gin-cheng* croisse naturellement dans certains endroits des deux mondes.

Les Chinois consomment aussi le tabac en poudre. Un mandarin a presque toujours sur lui un petit flacon dans lequel est renfermé son tabac. Il en prend plusieurs fois par jour, en en mettant une prise sur le dessus de sa main gauche, entre l'index et le pouce. Ils prennent encore le cinnabre en poudre au lieu de tabac ; ils fument
avec

avec de l'opium et d'autres drogues odoriférantes.

On a besoin en Amérique de plusieurs bâtimens pour la fabrication du tabac; mais en Chine, il faut peu d'espace, parce qu'on n'y craint point la pluie. On suspend sur les lieux mêmes, et sans aucun abri, les feuilles de tabac à des cordes pour les faire sécher. Chaque propriétaire n'a besoin que de sa famille pour l'aider à faire sa récolte. Cela prouve, d'une part, le peu d'humidité du climat, et de l'autre, l'extrême division des propriétés territoriales. Il y a toutefois dans cette partie de la Chine, quelques fiefs perpétuels accordés à des familles tartares, et qui passent toujours au fils aîné. Mais ils sont peu nombreux, et il n'y en a aucun de bien considérable.

Le troisième jour, les Anglais crurent s'apercevoir d'une diminution sensible dans la population. Le chemin traversoit une petite ville entourée de murailles, mais sans canons. Ces remparts servent de halte à ceux qui conduisent dans la capitale les tributs et les impôts recueillis en nature dans les districts des environs. Il y a aussi des garnisons pour surveiller les prisons et les greniers publics. Des troupes de soldats sont employées à entretenir les chemins, qui, en quelques endroits, sont raboteux et escarpés. De tous côtés on découvroit les sites les plus pittoresques.

Le docteur Gillan a remarqué

que les montagnes ont la pente assez douce vers la Tartarie; mais du côté de la mer, elles sont presque à pic; le roc est pelé; il ressemble à ce qu'on appelle en Suisse, les *Aiguilles des Alpes*.

La première couche des montagnes est de sable et de pierre vitrifiable; la seconde, de pierre calcaire, rude, grenue, remplie de nœuds, et bleuâtre; la troisième, très-épaisse et irrégulière, est formée d'une argile durcie qui est tantôt bleue, tantôt d'un brun-rouge, par le mélange de matières ferrugineuses. Cet oxide de fer est si abondant en quelques endroits, que l'argile prend l'apparence de l'ocre.

On voit sur les frontières de la Tartarie, des veines perpendiculaires de spalt blanc, et quelquefois blanc et bleu. De grandes masses de granit couronnent le sommet des montagnes.

Une rivière coule vers le Sud au pied de ces montagnes; on la traverse sur un pont de pierres encaissées dans des claies. Cette partie de la Chine présente une multitude de ponts de cette espèce; on les construit avec beaucoup de promptitude et peu de dépenses. L'ouvrage le plus solide ne résisteroit pas long-tems aux torrens qui tombent tout-à-coup du haut des montagnes.

Les encaissemens sont retenus par des pieux plantés perpendiculairement. Les dimensions sont proportionnées à la profondeur de la rivière, et à la rapidité présumée du courant. Dans les rivières navigables, on substitue de grands bateaux plats à l'encaissement du milieu. Le plancher du pont consiste en planches et claies recouvertes de gravier. Lorsqu'on attend l'Empereur, on construit momentanément plusieurs ponts, de crainte que la foule et la pesanteur extraordinaire des fardeaux ne fassent écrouler ceux qui sont à demeure.

Les voyageurs observèrent que les villages contenoient à-peu-près autant de Tartares que de Chinois. Mais la différence entre les deux nations, n'étoit pas aussi frappante. Les Tartares sont généralement plus vigoureux que les Chinois ; mais ils ont moins d'expression dans la physionomie ; et les dehors moins polis. On reconnoît aisément leurs femmes à la grandeur naturelle de leurs pieds. Ainsi que les Chinoises, elles se placent sur les côtés de la tête, des bouquets de fleurs naturelles ou artificielles. Les femmes les plus pauvres ou les plus âgées ne négligent point cette parure ; aussi la culture des fleurs est-elle bien soignée dans le pays.

Les mœurs des Tartares étant moins régulières que celles des Chinois, on rencontroit de tems en tems des mendians sur la route. Ils ne parloient point, mais par la saleté de leurs vêtemens, et l'étalage de quelque infirmité naturelle ou accidentelle, ils s'efforçoient d'exciter la compassion.

Le matin du quatrième jour, les

Anglais aperçurent sur la croupe des montagnes, une ligne proéminente qui se prolongeoit dans toute leur étendue. Bientôt après, ils distinguèrent la forme d'une muraille immense avec des créneaux, dans des endroits où l'on ne s'attendoit pas à rencontrer des fortifications de ce genre, où l'on ne croiroit même pas qu'il fût possible d'en construire.

Cette muraille n'est point interrompue par les plus hautes montagnes. Elle traverse les rivières par des arches qui la supportent; elle est doublée, triplée en plusieurs endroits, pour rendre les passages plus difficiles. Elle est flanquée, de cent pas en cent pas, de tours et de forts bastions. (*Voyez dans l'atlas la description de la planche 12.*)

Cette fortification, car le terme de muraille seroit insuffisant, a, dit-on, 1,500 milles (500 lieues) de longueur; mais elle n'est point par-tout également parfaite. Telle étoit autrefois l'étendue des limites qui séparoient la Chine des Tartares vagabonds. Aujourd'hui, de semblables barrières n'arrêteroient point les progrès d'une armée. Il n'y a plus de fortifications imprenables. On n'élève de ces retranchemens que pour arrêter les progrès d'une armée triomphante, ou pour garantir les frontières d'une invasion soudaine. En tems de paix on construit quelquefois des murailles pour arrêter le brigandage de quelques troupes de bandits. C'est ainsi que les Romains élevèrent, dans la Grande-Bretagne, de pareilles barrières contre les Pictes sauvages.

Toutes les fois qu'un peuple agriculteur a dans son voisinage une nation de chasseurs dont il a à craindre les dévastations continuelles, il cherche à s'en séparer par des remparts. On éleva, par cette raison, des murailles en Égypte, en Syrie, en Médie. Un des successeurs d'Alexandre en bâtit une à l'est de la mer Caspienne, une autre dans le pays où a régné Tamerlan. Elles étoient, comme celle de la Chine, destinées à arrêter les hordes errantes de Tartares.

Pendant quelques tems, ces remparts durent répondre au but pour lequel on les avoit érigés. Le souvenir de ces travaux les place encore au rang des plus hardis monumens de la patience humaine. Cependant, soit qu'on les considère relativement à l'étendue des pays qu'ils protégeoient, soit qu'on fasse l'effrayant calcul des matériaux qui y furent employés, soit que l'on examine par quels efforts il fallut surmonter les obstacles qu'offroient les localités, tous ces murs ensemble n'égalent pas la grande muraille de la Chine.

Celle-ci les surpasse encore par la solidité et par la durée. A la vérité, plusieurs des moindres ouvrages intérieurs cèdent aux ravages du tems, et commencent à tomber

en ruines. D'autres ont été réparés ;
mais presque par-tout le corps principal de la muraille a été bâti avec
tant de soin, qu'on n'a jamais eu
besoin d'y retoucher. Elle se conserve intacte depuis environ deux
mille ans. Elle semble elle-même
aussi peu susceptible de dégradation, que les boulevards de rochers
que la nature elle-même a placés
entre la Chine et la Tartarie.

L'époque où l'on a commencé la
construction de ces barrières artificielles, n'est point positivement
déterminée par l'histoire ; mais celle
où elle fut achevée est un des faits
les plus authentiques que les annales
des empires aient transmis à la postérité. Elle remonte trois siècles au-delà de l'ère chrétienne. Depuis

cette époque, les principaux événemens de l'histoire chinoise ont été consignés régulièrement, et sans lacunes, dans les pièces officielles et dans les ouvrages particuliers des écrivains contemporains. Il n'est point de contrée au monde où l'histoire soit étudiée avec tant d'assiduité. Il existe dans chacune des villes principales de l'empire, une espèce d'université où l'on confère les degrés à ceux qui ont fait des progrès marquans dans la science de l'histoire et de l'administration publique. Les écrits des historiens sont très-multipliés. Les relations des événemens modernes sont soumises à la discussion des témoins oculaires; celles qui concernent les événemens anciens sont soumis à
de

de sévères et impartiales critiques. Il ne peut donc y avoir beaucoup de doutes sur l'époque d'une entreprise à laquelle ont travaillé plusieurs cent milliers d'hommes.

L'évidence historique dépend d'abord du crédit que l'on accorde aux assertions des écrivains contemporains, et de la manière dont ils concordent avec les annales, les monumens publics et d'autres circonstances. Ces écrivains, une fois qu'on a regardé leur autorité comme respectable, confirment la véracité de leurs prédécesseurs. C'est ainsi que l'on établit la preuve des faits, en remontant la chaîne qui les lie, aussi loin qu'il est possible de la suivre. C'est sur de pareils principes qu'est fondée la certitude de choses qui n'ont pu frapper immédiatement nos sens. Nous n'avons point, par exemple, d'autre moyen de juger de l'existence de la république romaine, de la bataille d'Actium, ou de l'invasion de l'Angleterre par un conquérant normand.

Ainsi la durée de la grande muraille est de vingt siècles : pendant seize, elle a suffi pour réprimer les Tartares. Mais *Gengis-Khan* triompha de cette barrière. Toutefois ses descendans ne surent point profiter de ses conquêtes. En moins d'un siècle, les Tartares furent chassés de la Chine. Ce ne fut que 300 ans après, c'est-à-dire, vers la fin du 17e. siècle, qu'ils y furent rappelés par la violence des dissentions intestines. Depuis, ils ont maintenu l'empire dans un état de splendeur et de tranquillité.

Outre les moyens de défense que fournissoit, en tems de guerre, la grande muraille, les Chinois en tiroient, dans le sein de la paix, un grand avantage. Leurs mœurs réglées et leur vie sédentaire ne s'accordent point avec l'humeur inquiète et vagabonde de leurs voisins septentrionaux. La grande muraille excluoit entr'eux toute communication. Elle a encore servi à éloigner des fertiles provinces de la Chine, les bêtes féroces qui fourmillent dans les déserts de la Tartarie; elle a fixé les limites respectives des deux pays, empêché l'évasion des malfaiteurs, et l'émigration des mécontens.

Avant la dynastie actuelle, les Chinois avoient peu de projets de conquêtes. Ils tiennent même aujourd'hui à leur ancien principe de politique, de retenir tous les sujets dans les limites du pays.

La grande muraille a infiniment perdu de son importance, depuis que les pays qu'elle sépare sont soumis à la domination du même prince. Les Chinois, dont la curiosité cesse quand elle n'est point excitée par l'attrait de la nouveauté, regardent avec la plus profonde insouciance cet admirable chef-d'œuvre. La plupart des mandarins qui escortoient l'ambassade, n'y paroissoient pas faire la moindre attention. Mais les étrangers se comportent bien différemment.

Cependant Marc-Paul, le premier Européen qui ait visité la Chine, ne dit pas un mot de la grande muraille. Comme il se rendit par terre à Pékin, l'on a pensé qu'il avoit dû traverser quelque partie de la Tartarie où la muraille existe de nos jours. Un savant italien qui se propose de publier une nouvelle édition du voyage de Marc-Paul, a inféré de son silence que la muraille n'étoit peut-être pas encore bâtie au 13e. siècle, lorsque ce célèbre Vénitien visita la cour du prince tartare qui régnoit sur la Chine.

L'omission de ce fait de la part d'un voyageur, ne suffit pas pour que l'on puisse le révoquer en doute, lorsque sur-tout il est appuyé de ces témoignages matériels qui, en toute autre occasion, semblent décisifs. Elle ne prouveroit donc rien, quand même on admettroit que Marc-Paul a passé réellement dans les lieux où s'élève la grande muraille, quand même il auroit publié, immédiatement après son retour, une relation exacte et circonstanciée de son voyage, au lieu d'en citer, long-tems après, des fragmens incohérens, loin de sa patrie, privé de ses papiers originaux et de toutes les notes qu'il avoit recueillies sur les lieux.

Au surplus, une copie de la route de Marc-Paul, tirée de la bibliothèque du doge de Venise, semble résoudre le problème. On voit, d'après cet itinéraire, que le voyageur ne traversa point la Tartarie pour se rendre à Pékin. Il suivit d'abord le chemin des caravanes jusqu'à Samarcande et Cashgar, puis il remonta le Gange, tourna droit au sud-est, et entra dans le Bengale. Delà, s'étant avancé au sud des montagnes du Thibet, il pénétra dans la province chinoise de Schen-Si, puis dans celle de Schan-Si, et arriva à Pékin, sans avoir vu la grande muraille.

Les voyageurs s'en approchèrent par une montée fort escarpée, et parvinrent à la partie qu'on appelle *méridionale* (1), pour la distinguer

---

(1) M. Hüttner en donne le nom chinois, qui est *Nan-Tien-Ming*, c'est-à-dire, *porte du Ciel méridional*. Le nom de

de la porte extérieure, qui est plus au nord, du côté de la Tartarie.

Toutes les fois que l'ambassade passoit devant des postes militaires, il en sortoit de six à quinze soldats qui, presque toujours, étoient sans armes. Un homme posté au haut de la tour, frappoit sur un *loo*, tandis qu'un autre mettoit le feu à trois petits tubes de fer plantés en terre, et semblables à des boîtes d'artifices, pour saluer l'ambassade.

La distance d'un poste à l'autre varie beaucoup. Depuis l'embouchure du Peï-Ho jusqu'à Tong-Chou-Fou, on en compte quinze,

---

la grande muraille est *Tchan-Tchung*. (*Note du traducteur.*)

sans compter ceux de Toung-Cou et de Tien-Sing. Cela fait à-peu-près un par 13 milles (4 lieues et demie). Mais sur la route de Pékin en Tartarie, il s'en trouve au moins un de cinq en cinq milles.

Lorsque les voyageurs furent arrivés au poste fortifié de *Kou-Pé-Kou*, on s'empressa de leur rendre les honneurs militaires. Les soldats furent rangés sur deux lignes qui se faisoient face. Ils étoient divisés en compagnies, dont chacune avoit son chef, son étendard et cinq guidons. Des mandarins étoient de chaque côté de cette haie. On y voyoit encore de la musique, des tentes, des trompettes, des arcs-de-triomphe. De chaque côté, se trouvoient douze compagnies; enfin il y avoit dix petites pièces de campagne, de différens calibres et de différente construction.

Cette troupe étoit de 1200 hommes. Le front de chaque compagnie occupoit un espace d'environ vingt pieds. Il y avoit entr'elles un intervalle presque de la même étendue.

Il y avoit dans la muraille, auprès de *Kou-Pé-Kou*, quelques brèches qui permettoient de l'escalader et de l'examiner. Ces brèches étoient la preuve d'une assez grande négligence; aussi les Anglais pensèrent-ils qu'ils ne choqueroient pas les Chinois, en satisfaisant de près leur curiosité. Les principaux personnages de l'ambassade allèrent visiter ces ruines. Le capitaine Parish en examina particulièrement la construction et les dimensions. (*Voyez les détails dans l'atlas.*)

« Plusieurs des voyageurs (1) emportèrent des morceaux de pierre et de ciment, dans l'espoir peut-être de vendre ces raretés à quelque antiquaire d'Europe. »

Ce rempart ne semble pas avoir été bâti pour résister à l'artillerie ; cependant le bas des embrasures des tours est disposé comme les parapets des fortifications européennes, où l'on place les porte-mousquetons pour les arquebuses à croc. Ces trous paroissent de la même date que le reste de la maçonnerie : il est difficile de leur supposer un autre objet que celui de placer con-

---

(1) Extrait de Hüttner.

venablement des armes à feu. Les pièces de campagne qu'on voit en Chine, sont la plupart montées sur des porte-mousquetons qui s'adapteroient fort bien à ces trous ; et bien que les parapets soient insuffisans contre les boulets de canon, ils résisteroient de reste à ces petites pièces.

D'après ces considérations, il est probable que ce n'est pas sans fondement que les Chinois s'attribuent la découverte, très-ancienne parmi eux, de la poudre à canon.

CHAPITRE

CHAPITRE XIX.

Respect des Chinois pour les Tartares de la cour. — Productions de la Tartarie. — Goîtres. — L'Ambassade arrive à Zhé-Hol. — Palais où elle est logée. — Conduite du légat et du général du Thibet. — Discussions sur le cérémonial. — Particularités sur le colao. — Excursion aux environs de Zhé-Hol. — Succession au trône impérial. — L'ambassadeur se prépare à recevoir audience.

Dès son entrée en Tartarie, l'ambassadeur fut complimenté par un mandarin militaire, de race tartare, qui étoit attaché au palais, et du même rang que Van-ta-Zhin. Cependant telle est la déférence que les Chinois ont envers les Tartares de la cour, que celui-ci osoit à peine s'asseoir en sa présence. D'ailleurs le dernier des Tartares prend un air d'arrogance lorsqu'il est dans sa patrie. Un de ces hommes, attaché à la suite des mandarins chinois, devoit être puni par leur ordre, pour quelques fautes; mais il eut l'audace de résister, disant qu'il n'étoit permis à aucun Chinois d'exercer sur lui quelque autorité, quand il étoit en dehors de la grande muraille.

« Les mandarins (1) qui conduisoient l'ambassade eurent souvent, malgré leur grande autorité, une

---

(1) Extrait de Hüttner.

difficulté extrême à trouver des vivres dans la Tartarie. Ils en accusoient l'opiniâtreté et l'orgueil des Tartares. Les coups même qu'ils leur prodiguoient ne servoient à rien. ».

Au-delà de ces limites, il y a dans les villages quelques familles chinoises et des femmes à petits pieds. On ne dit point qu'aucune femme Tartare se soit jamais imposé une telle mutilation.

Les voyageurs trouvoient déjà la température plus froide, les chemins plus raboteux, les montagnes plus arides. On voit dans ce pays de petites espèces de pins, des chênes rabougris, variétés des deux espèces, qu'on nomme *chênes d'Angleterre et chênes de Russie ;* des trembles, des ormes, des noisetiers, des noyers, d'une si petite élévation, qu'ils ressembloient à des espaliers; encore ne croissent-ils que sur les côtés opposés au midi. Les autres ne produisent que des arbrisseaux épineux. Ces forêts sont fréquentées par des ours, des loups et même des tigres.

On voit en foule dans les plaines et dans les vallées cette espèce de lièvre qui, à l'instar de plusieurs animaux des climats froids, est brun ou rouge en été, et blanc en hiver (1). Il se distingue encore par l'extrême longueur de ses pattes et

---

(1) C'est celui que Linné appelle *lepus variabilis*, lièvre changeant. (*Note du traducteur.*)

de ses doigts. Il les resserre quand il veut marcher sur la neige, afin de trouver un point d'appui.

En Tartarie, on ne chasse point avec des chiens; on *traque* le gibier. Les chasseurs forment un grand cercle qu'ils retrécissent peu à peu en battant les buissons; ils rassemblent ainsi les bêtes fauves dans un petit espace.

Le chien Tartare est le fidèle compagnon du paysan. Il est d'une petite espèce; sa queue est longue, retroussée et penchée du côté gauche, comme l'a remarqué Linné, dans le chien domestique. Le chien de tartarie n'aboie presque jamais pendant le jour.

La perspective était souvent agréable; mais l'horison très-borné ; les chemins passent entre les montagnes et non sur leur sommet.

Dans les villages tartares, on vit plusieurs paysans attaqués de *goîtres*, maladie si fréquente dans les Alpes. Les glandes de la gorge commencent par s'enfler de bonne heure, ensuite elles parviennent peu à peu à une énorme grosseur. Suivant les observations du docteur Gillan, plus d'un sixième de ces villageois étoit affligé de cette difformité ; mais il s'en faut de beaucoup qu'ils la trouvent telle. Les femmes y sont plus sujettes que les hommes.

Ces tumeurs n'affectent point la santé ni les fonctions organiques ; mais les personnes qui en sont attaquées ont la plupart l'esprit très-affoibli. Quelques-unes sont dans un état d'idiotisme absolu ; mais ces infortunés ne sentent pas la misère de leur état ; ils sont très-gais, et mènent une vie machinale totalement exempte de réflexions et de soins. On regarde leur personne comme sacrée ; leurs familles en ont un soin tout particulier (1).

La cause quelconque qui produit les *goîtres* n'affecte point d'autres animaux que l'homme. On l'attribue au fréquent usage de l'eau de neige. Toutefois dans les pays découverts,

―――――――――

(1) Il en est de même des *Crétins* ou Goîtreux des Alpes. (*Note du traducteur.*)

où l'on n'en boit pas d'autre, on ne voit point de difformités semblables. L'état de l'atmosphère et la sérénité de l'air, doivent avoir la plus grande influence à cet égard.

Les Anglais ne remarquèrent sur leur route aucun produit volcanique. Les montagnes se composoient de roches granitiques, variant beaucoup dans leurs dimensions, et arrangées à-peu-près comme les vertèbres d'un quadrupède.

Le haut des rochers étoit tapissé de gazon; leurs flancs étoient entièrement nuds, et la terre qui les couvrait jadis avoit été entraînée par les eaux. La vue d'un de ces rochers qui sembloit couronné d'une ruine, arrêta les regards des voyageurs. Un d'eux alla l'examiner de près, et s'assura que c'était une masse d'argile durcie.

C'étoit une espèce de pyramide renversée qui plus compacte que le sol environnant, aura résisté à l'effort des eaux. Sa base étroite prouve à quel profondeur la terre a été creusée. C'est du déplacement graduel du sol qui entouroit les rochers, que s'est formée la plaine entière de Pé-ché-lée. Certes, le départ successif d'une couche de sol de deux cents pieds de profondeur, dans une aussi grande étendue, est une des plus singulières révolutions qu'ait éprouvées la surface du globe.

La Tartarie est si élevée, que

dans quelques endroits, elle est à 15,000 pieds (1) au-dessus de la mer jaune. Une telle élévation réfroidit considérablement l'atmosphère.

« Il arrivoit quelquefois (2) que les domestiques des mandarins jouoient aux voyageurs le tour de partir d'avance avec les bons chevaux, et de ne leur laisser que de méchantes rosses : mais ils s'en consoloient aisément, et se livroient pendant tout le voyage à une inépuisable gaîté.

« Ils apprirent à cette occasion qu'en Chine, c'est une grande politesse de fouetter le cheval d'un

---

(1) 12500 pieds, ou 2083 toises de France.

(2) Extrait de Hüttner.

autre sans en être prié. Dans le commencement, ils prenoient cette attention pour une injure. »

Bientôt les montagnes s'écartèrent, et découvrirent aux voyageurs la vallée de Zhé-Hol (2), où l'empereur de la Chine a un palais et un jardin magnifiques qu'il habite ordinairement l'été. Le palais se nomme le *séjour de l'agréable fraîcheur*, et le jardin, le *jardin des arbres innombrables*.

---

(1) M. Hüttner orthographie *Dschecho*; mais cette différence tient à celle qui exite entre la prononciation anglaise et la prononciation allemande. En anglais, le Z se prononce à-peu-près comme s'il étoit précédé d'un D ; et quant au *ch* allemand, on sait que ce n'est qu'une aspiration. (*Note du traducteur*.).

L'ambassadeur et sa suite s'avancèrent en bon ordre vers Zhé-Hol; ils furent reçus avec les honneurs militaires, au milieu d'un concours innombrable de spectateurs à pied ou à cheval. Quelques-uns des piétons étoient entièrement vêtus de jaune, et coiffés de chapeaux ronds de la même couleur. Plusieurs enfans avoient un pareil costume. C'étoient des lamas inférieurs, des moines et des novices dépendans des temples de la secte à laquelle l'empereur est attaché. Au reste, malgré la dignité de leur caractère, et de leur habit, le peuple ne paroissoit pas les respecter beaucoup. Ils ne se conduisoient pas non plus de manière à faire croire qu'ils qu'ils eussent une haute opinion de leur rang.

Les édifices destinés à recevoir l'ambassade étoient à l'extrémité septentrionale de Zhé-Hol. Ils étoient sur la pente douce d'une montagne. Ils avoient plusieurs cours élevées progressivement les unes au-dessus des autres, et communiquant par des escaliers de granit. On voyoit de-là à-la-fois, les montagnes de la Tartarie, la ville de Zhé-Hol et une partie du parc impérial. La ville ne contient que des maisons de mandarins et de misérables chaumières dont les habitans sont comme entassés. Les rues sont tortueuses, sans pavé et remplies de poussière. Les temples, les jardins de l'empereur placés à côté, annoncent la magnificence. Ici il n'y point d'intermédiaire entre le luxe et l'indigence.

Les principaux édifices diffèrent peu de ceux de la Chine ; la distribution et l'ameublement des appartemens ne sont pas moins simples. Il y a des chambres à coucher où l'on repose sur des estrades couvertes de gros draps et de coussins. On y voit des tables vernissées, et des chaises assez propres.

Peu de tems après l'arrivée de l'ambassadeur, deux des premiers mandarins allèrent le complimenter au nom du souverain. Un autre mandarin le visita au nom de Ho-Choung-Taung, le grand colao, ou premier ministre.

Le même jour, le légat se rendit auprès de l'ambassadeur, et sans la moindre explication, il lui remit le mémoire cacheté qui avoit rapport à la cérémonie de réception, et qu'il s'étoit chargé de remettre au colao. Il prétendit qu'il l'avoit toujours gardé; mais on savoit très-bien qu'il l'avoit fait passer à Zhé-Hol, et qu'on en avoit approuvé le contenu.

Quelle pouvoit donc être la cause d'un tel changement ? Il est probable que les anciennes idées d'orgueil et de prééminence l'emportèrent sur des considérations plus sages. On soupçonna qu'elles avoient été suggérées par le vice-roi de Canton, qui revenoit en ce moment du Thibet, où il avoit commandé l'armée

Chinoise. Il étoit ennemi juré des Anglais. Il appuya ses calomnies du témoignage de l'ancien *hoppo*, ou receveur des douanes de Canton, qui avoit été condamné pour concussion. On le conduisit tout exprès à Zhé-Hol ; il n'y a pas de doute qu'il n'ait parlé des Anglais, en se conformant aux vues du vice-roi.

Le colao vouloit que l'ambassadeur anglais rendît à l'empereur de la Chine un humiliant hommage, sans que le gouvernement chinois reconnût l'indépendance du roi d'Angleterre. On jugea donc à propos de ne pas avouer que le mémoire avoit été transmis à la cour, afin de se dispenser de répondre à une proposition raisonnable. On pensoit que lorsqu'une fois l'ambassadeur seroit en présence du monarque, il feroit les prosternemens d'usage, sans aucune restriction.

Lord Macartney desira donc avoir préalablement une décision sur l'importante affaire du cérémonial. De son côté, le colao desiroit le voir sans délai, afin d'apprendre de lui le contenu de la lettre du roi d'Angleterre à l'Empereur. Son excellence chargea le secrétaire d'ambassade d'aller à sa place chez le premier ministre, et de lui porter une copie de la lettre du roi d'Angleterre, ainsi que le mémoire en question. Les Chinois qui étoient liés avec l'ambassadeur, craignoient si fort qu'on ne les accusât d'avoir écrit ce mémoire, qu'ils supplièrent le ministre de le faire contre-signer par le page qui l'avoit copié, afin de prouver que c'étoit de son écriture.

Le secrétaire d'ambassade pouvoit traiter sans difficulté cette affaire, parce qu'on lui avoit donné la commission de *ministre plénipotentiaire*, afin de suppléer l'ambassadeur, en cas d'empêchement quelconque.

Ce colao, qui jouissoit d'une autorité aussi grande, étoit un Tartare d'une naissance obscure, et tiré par hasard, depuis vingt ans, d'un emploi subalterne. Tandis qu'il étoit de garde à l'une des portes du palais, l'Empereur passa, et fut frappé de sa bonne mine. Il l'examina particulièrement, et lui ayant trouvé de l'éducation et des talens, il l'éleva rapidement aux dignités.

Des exemples de promotions semblables ne sont pas rares dans les pays où le monarque peut satisfaire tous ses caprices, sans crainte d'encourir de blâme. Il en est de même des États en proie à des factions, où des qualités brillantes et des efforts extraordinaires se font bientôt remarquer.

Il arrive assez souvent qu'un prince abandonne à son favori tout le poids des affaires, et vive ensuite dans l'indolence et dans l'oisiveté. Il n'en étoit pas ainsi de l'empereur Tchien-Long. Un jour, il eut quelques doutes sur la véracité de son colao. Il le destitua sur-le-champ, et le fit rentrer, pendant 15 jours, dans l'obscurité de son premier emploi : mais un heureux hasard lui ayant fait reconnoître l'innocence du ministre, il lui rendit sa faveur.

Quand le colao reçut le ministre plénipotentiaire, il étoit assis sur une estrade couverte d'une étoffe de soie, entre deux mandarins chinois et deux mandarins tartares, membres du conseil d'état. On présenta une chaise au ministre anglais. Le légat, plusieurs autres mandarins et l'interprète, restèrent debout. Le colao demanda, pour la forme, quel étoit l'objet de l'ambassade à la Chine. On le satisfit, en lui présentant une traduction chinoise de la lettre du roi d'Angleterre à l'Empereur. Ensuite on lui remit le mémoire qui concernoit le cérémonial, mémoire que le colao feignit de ne pas connoître. Cependant il parut tout préparé à faire des objections. On lui répondit de la manière que l'ambassadeur avoit prescrite. Le colao mit fin à la conférence, en priant le ministre plénipotentiaire de faire part de ses raisons à l'ambassadeur.

Pendant toute cette entrevue, la salle étoit remplie de gens employés dans le palais, à qui il étoit permis d'écouter ce qu'on disoit. Il sembloit qu'en traitant avec des étrangers venus de si loin, ce n'étoit pas la peine de rien cacher aux Chinois.

Le lendemain, le colao et deux autres mandarins, se rendirent chez son excellence, et la prièrent de se désister de ses prétentions. En se livrant à cette discussion, ils tomboient inévitablement dans des contradictions. Ils représentoient le cérémonial exigé comme une chose tout-à-fait insignifiante, quand ils proposoient à l'ambassadeur de s'y soumettre envers leur souverain; mais ensuite ils y attachoient une haute importance, dès qu'il s'agissoit de faire prosterner un Chinois devant le portrait du roi d'Angleterre. On alla même jusqu'à faire entendre qu'un refus absolu pourroit bien ne pas être sans inconvéniens pour l'ambassadeur. Mais cette menace indirecte lui donna l'occasion de protester que son attachement pour son roi, l'emportoit sur toute autre considération.

On lui demanda alors jusqu'à quel point il pensoit qu'il lui fût permis de témoigner son respect à l'Empereur, sans se soumettre au prosternement des tributaires. Il répondit qu'attaché à son souverain par les liens du devoir et de la fidélité, il plioit un genou quand il paroissoit en sa présence, et qu'il consentoit volontiers à témoigner, de la même manière, sa profonde vénération pour S. M. impériale.

Les mandarins, charmés de cet expédient, promirent d'en faire part à leur cour.

Le bruit de la conférence entre le colao et le ministre plénipotentiaire, se répandit bientôt. Une foule de gens ne voyant dans l'ambassade que quelques étrangers isolés et sans protection, ne pouvoient pas s'imaginer comment ils osoient proposer des conditions à la cour, ou refuser de lui obéir. D'autres disoient, en confidence, que les Anglais seroient renvoyés sans être admis à l'audience de l'Empereur.

Plusieurs Anglais firent, sur ces entrefaites, une petite excursion aux environs de Zhé-Hol. Ce ne fut pas toutefois sans une extrême répugnance de la part des mandarins, qui craignoient qu'il ne leur arrivât quelque accident, et qu'on ne les en rendît responsables. Ils prenoient des précautions infinies pour empêcher que les Anglais ne fussent insultés par les gens du pays. D'ailleurs les Chinois, et sur-tout les grands, ne se font guère d'idée du plaisir d'une promenade dans la campagne. Ils pensent toujours

qu'on

qu'on a quelques motifs d'espionnage. Cependant ils fournirent des chevaux et des guides à plusieurs de nos voyageurs.

Ces messieurs gravirent des hauteurs, d'où ils contemplèrent la riante vallée de Zhé-Hol, qui est très-fertile, mais pas aussi bien cultivée que les campagnes renfermées dans les anciennes limites de l'Empire. Cette vallée est arrosée par une rivière considérable. Les montagnes environnantes n'offrent aucune trace de l'action des feux souterrains ; mais elles présentent des vestiges indubitables du séjour des eaux. Elles paroissent avoir été jadis couvertes de forêts ; mais ces arbres ont disparu, par l'imprévoyance des premières générations, qui n'ont point replanté de jeunes arbres, après avoir coupé les vieux. Comme elles n'attirent pas l'humidité, faute de végétation, chaque paysan se creuse un puits pour arroser son jardin. Leurs seaux ne sont pas façonnés avec des douves, mais avec des tiges d'osier si bien entrelacées, que l'eau ne sauroit passer au travers. Ces jardins abondent en ail et autres végétaux odorans, par lesquels le peuple corrige l'insipidité du riz et du millet.

Les Anglais apperçurent dans des expositions fort agréables divers couvents de lamas fondés par les empereurs de la dynastie régnante. Ils virent aussi sur une chaîne de hauteurs une pyramide renversée, de terre ou de pierre, semblable à celle dont il a été question plus haut. Quelques-uns d'entr'eux voulurent l'aller examiner : mais les mandarins leur dirent avec un grand flègme, que cela seroit indécent ; que l'éminence sur laquelle étoit assise la pyramide dominoit sur le jardin des femmes de l'empereur, et qu'on pouvoit les voir se promener. Il y avoit cependant trois ou quatre milles (plus d'une lieue) de distance entre ces deux endroits.

Enfin l'ambassadeur fut tiré d'inquiétude, par la réponse que sa majesté impériale se contenterait de l'hommage respectueux que les Anglois rendoient à leur souverain. On convint tout bas que cet acquiescement étoit dû au bon sens et à la générosité de l'empereur.

Cette dérogation à une règle dont jamais auparavant on ne s'étoit écarté, excita la plus grande surprise, peut-être même des murmures dans l'âme de quelques Chinois jaloux ; mais elle confirma l'opinion du vieux missionnaire de Pékin, qui avoit assuré que le prétexte des coutumes si fréquemment et si opiniâtrément invoqué par les Chinois, cédoit quelquefois à l'évidence de la raison et à la persévérance.

Le jour anniversaire de la naissance de l'empereur était le 17 septembre. Le 14 fut choisi pour donner audience à l'ambassade.

En attendant, ceux des présens qu'on avoit conduits à Zhé-Hol furent placés dans le palais, et l'ambassadeur reçut des messages trèspolis, qui prouvoient combien l'empereur étoit satisfait.

Lord Macartney fit aussi au colao une visite particulière, dans laquelle il s'efforça de lui faire sentir la loyauté de la conduite passée, et la pureté des intentions futures du roi de la Grande-Bretagne à l'égard de la Chine. Il insista sur les dispositions pacifiques et bienveillantes de sa cour, dont le grand objet étoit l'extension du commerce pour le bonheur général du genre humain. Il prit de-là occasion pour dire quelques mots sur l'Indostan. Il dit qu'après la dissolution de l'empire du Mogol dans cette partie du monde, quelques provinces maritimes dans le voisinage des comptoirs britanniques, avoient, au sein de leurs dissentions intérieures, réclamé la protection des armes anglaises ; que ce secours leur avoit été accordé sans déposer les princes tributaires qui étoient encore en possession de leurs dignités ; mais qu'à d'autres égards, les Anglais ne s'étoient jamais immiscés dans les contestations de leurs voisins. Le colao ne fit pas la plus légère objection qui pût mettre l'ambassadeur dans le cas de désavouer plus positivement les prétendus secours donnés contre l'armée du Thibet.

L'ambassadeur fut obligé d'user de ménagemens et d'expressions détournées, pour donner une idée de l'importance dont pourroient être pour la Chine les liaisons de la

Grande-Bretagne avec cet empire, soit en y introduisant une plus grande quantité de denrées européennes, du coton et du riz de l'Inde et des lingots d'argent, soit en leur fournissant des forces navales pour détruire les pirates qui infestent les côtes de la Chine. Le gouvernement porte à un tel excès ses idées d'indépendance et de supériorité, qu'il seroit maladroit de lui présenter des relations sur le pied d'un avantage réciproque. Il n'accorde rien que par grâce ou par tolérance. Au surplus, l'ambassadeur ne refusoit pas de négocier, même à ce titre.

Les manières d'Ho-Choung-Taung étaient aussi conciliantes que son esprit étoit éclairé et pénétrant. Il semblait réunir toutes les qualités d'un homme d'état consommé. La seule faveur du souverain l'avoit appelé à la tête des affaires ; mais il s'y maintenoit par l'approbation des personnes les plus influentes. En Asie, les princes ne craignent point, comme en Europe, d'avilir leur dignité, en s'alliant avec leurs sujets. Ils ont tant d'enfans de leurs différentes femmes, que les alliances avec la couronne sont d'autant moins importantes, qu'elles sont plus communes. Il est vrai qu'elles ajoutent un nouveau lustre au pouvoir déjà acquis.

Le fils d'Ho-Choung-Taung a épousé une des filles de l'empereur; cette circonstance a fait naître des soupçons sur les vues ambitieuses du favori. Un homme excité par un zèle indiscret, s'est avisé de présenter à l'empereur un mémoire par lequel il l'exhortoit à déclarer son successeur, parce que c'était, disait-il, le seul moyen de prévenir les troubles qui menaçoient de déchirer l'empire. La témérité du donneur d'avis fut regardée comme un crime d'état. Il fut mis en jugement, et puni de mort.

L'ordre de la succession au trône n'est point fixé par le hasard de la naissance : l'empereur a la faculté d'élire qui il veut, même au préjudice de ses propres enfans et de sa famille ; on en a vu des exemples.

L'Empereur, à l'occasion du fait dont il vient d'être parlé, fit publier par les gazettes de Pékin les motifs qui l'empêchoient de proclamer son successeur. Il craignoit d'échauffer l'ambition de quelque jeune tête. Il dit qu'il vouloit que l'héritier du trône fut inconnu, tant que lui-même le conserveroit; mais il ajouta qu'ayant déjà occupé le trône pendant près d'un demi-siècle, il renonceroit aux soins du gouvernement, s'il vivoit assez long-tems pour compléter la cinquantième année de son règne, et qu'alors il s'en démettroit entre les mains de celui qu'il jugeroit le plus propre à lui succéder (1). Si sa mort avait lieu avant

---

(1) Tchien-Long a en effet réalisé sa promesse. Il a abdiqué, le 8 février 1796, en faveur de son 17e. fils. Il est mort peu de tems après. (*Note du trad.*)

cette époque, on devoit trouver dans un endroit désigné de son palais, l'écrit qui contiendroit le nom de son successeur.

Combien toutefois sont vaines les précautions que prennent les hommes pour régler ce qui arrivera après leur mort ! Yong-Ching, père de l'Empereur actuel, en offre une preuve remarquable. Il ne monta, dit-on, sur le trône que parce que s'étant introduit dans le palais au moment où son prédécesseur terminoit sa carrière, il s'empara subtilement du testament, et substitua son nom à celui que le monarque y avoit écrit.

Le jour fixé pour la réception, l'ambassadeur et les principales personnes de sa suite se rendirent avant le jour dans le jardin de Zé-Hol. Il y avoit au milieu du jardin une tente spacieuse et magnifique, soutenue par des colonnes dorées, ou peintes, ou vernissées. La toile ne suivoit pas dans toute leur longueur l'obliquité des cordes; mais vers le milieu, elle tomboit perpendiculairement, et cachoit l'intérieur de la tente. Il y avait en dedans un trône semblable à celui qu'on a décrit plus haut. Des fenêtres pratiquées de chaque côté de la tente, éclairaient le lieu où devait se placer l'Empereur. Vis-à-vis du trône, étoit une grande ouverture, d'où partoit un tendelet jaune qui s'étendoit fort loin.

« Les Chinois désignoient cette grande

grande tente (1) par la dénomination de *mung-koubo*, qu'il fut impossible à l'interprète de l'ambassade d'expliquer.

» Du côté du Midi, il y avoit des tentes de Tartares qui se distinguoient par leur forme circulaire et voûtée. Au lieu d'être soutenues par des perches, elles étoient faites de bambous entrelacés, et couverts d'un feutre épais et grossier. ».

L'ameublement de la tente de l'Empereur étoit élégant, mais aucun luxe n'avoit présidé à sa décoration. Plusieurs petites tentes rondes étoient en face de la grande; il y en avoit une barlongue par derrière.

---

(1) Extrait de Hüttner.

Cette dernière étoit réservée pour l'Empereur, dans le cas où il voudroit se retirer en particulier. Un sopha garnissoit une des extrémités. Le reste étoit orné de trophées de mousquets et de sabres européens ou asiatiques. Une des petites tentes rondes étoit destinée à l'ambassade, pour qu'elle y attendît l'arrivée de l'Empereur. Quelques-unes des autres étoient réservées pour les princes et les envoyés des Etats tributaires qui s'étoient rassemblés à Zhé-Hol, à l'occasion de l'anniversaire de la naissance de l'Empereur, et qui assistoient à la réception de l'ambassadeur anglais, pour rendre la solennité plus brillante. Ce n'étoit pas seulement dans le dessein d'avoir assez d'espace pour contenir tant de monde, que l'on préféroit une tente à l'un des grands appartemens du palais. La dynastie tartare, bien qu'elle ait adopté, à beaucoup d'égards, la plupart des coutumes des vaincus, a conservé une grande prédilection pour ses anciennes mœurs. Elle y revient de tems en tems, sur-tout quand elle est sur le sol de la Tartarie.

Fin du Tome quatrième.

TABLE DES CHAPITRES

Contenus dans le tome quatrième.

CHAP. XV. Indifférence des Chinois pour ce qui concerne les nations étrangères. — Manière de voyager par terre. — Chariots à voiles. — Arrivée à Tong-Chou-Fou. — Observations faites par l'escadre anglaise dans le golfe de Pé-Ché-Lée. — Edifice occupé par l'ambassade. — Pompes chinoises. — Eclipses. — Notions sur l'arithmétique. — Monnoies chinoises. Page 1.

CHAP. XVI. Ancien monument à Tong-Chou-Fou. — Ressemblance du culte de Fo avec la religion catholique. — Cimetières chinois. — Instrumens aratoires. — Paysannes chinoises. — Manière de porter les gros fardeaux. — Arrivée à Pékin. — Description de cette ville. — L'ambassade loge dans un palais voisin de Haï-Tien. — Discussion sur les hommages que l'on exige pour l'Empereur. — L'ambassade obtient l'autorisation de retourner à Pékin. Pag. 43.

Ch. XVII. On se procure un traducteur chinois. — Pièces de campagne offertes à l'Empereur. — Etendue de Pékin. — Cité tartare et cité chinoise. — Fête de l'agriculture. — Temples consacrés au ciel et à la terre. — Propriétés. — Emplois publics. — Police de Pékin. — Causes de la population de la Chine. — Exposition des enfans. — Message gracieux de l'Empereur. Pag. 112.

Ch. XVIII. Route au-delà de Pékin. — Culture des terres. — Usage de la persicaire. — Les Chinois tirent parti de tous les végétaux. — Cours des rivières.

— Bêtes de somme. — Stations impériales. — Minéraux du pays. — Tartares. — Vue de la grande muraille. — Postes militaires. — Invention de la poudre à canon. — Etat du gouvernement chinois, lors de la construction de la grande muraille. Page 167.

Chap. XIX. Respect des Chinois pour les Tartares de la cour. — Productions de la Tartarie. — Goîtres. — L'ambassade arrive à Zhé-Hol. — Palais où elle est logée. — Conduite du légat et du général du Thibet. — Discussions sur le cérémonial. — Particularités sur le colao. — Excursion aux environs de Zhé-Hol. — Succession au trône impérial. — L'ambassadeur se prépare à recevoir audience.
Page 205.

Fin de la Table.